本书的出版得到2017年度河南省科技厅软科学项目"基于SEM的河南省高校众创空间服务能力的影响因素及提升策略研究"（项目编号：172400410045）、2018年度河南省教育厅项目"离校未就业毕业生精准帮扶措施实证研究"（项目编号：JYB2018228）、2018年度安阳师范学院科研培育基金项目"信息化背景下大数据影响企业知识网络创新绩效研究"（项目编号：AYNUKP-2018-B24）和2018年度河南省高等学校重点科研项目"以众创空间为核心的地方高校创新创业教育生态系统构建"（项目编号：18A630002）的支持

基于Delphi-AHP法的
河南安阳高新区失地农民就业问题研究

耿合江　著

·北京·

图书在版编目（CIP）数据

基于Delphi-AHP法的河南安阳高新区失地农民就业问题研究 / 耿合江著. —北京：科学技术文献出版社，2019.9
ISBN 978-7-5189-5982-2

Ⅰ.①基… Ⅱ.①耿… Ⅲ.①农民—劳动就业—研究—安阳 Ⅳ.① F323.6

中国版本图书馆CIP数据核字（2019）第187336号

基于Delphi-AHP法的河南安阳高新区失地农民就业问题研究

| 策划编辑：周国臻　　责任编辑：马新娟　　责任校对：文　浩　　责任出版：张志平 |

出 版 者	科学技术文献出版社
地　　　址	北京市复兴路15号　邮编 100038
编 务 部	（010）58882938，58882087（传真）
发 行 部	（010）58882868，58882870（传真）
邮 购 部	（010）58882873
官方网址	www.stdp.com.cn
发 行 者	科学技术文献出版社发行　全国各地新华书店经销
印 刷 者	北京虎彩文化传播有限公司
版　　　次	2019年9月第1版　2019年9月第1次印刷
开　　　本	710×1000　1/16
字　　　数	125千
印　　　张	7
书　　　号	ISBN 978-7-5189-5982-2
定　　　价	32.00元

版权所有　违法必究

购买本社图书，凡字迹不清、缺页、倒页、脱页者，本社发行部负责调换

前 言

城市化是现今中国社会发展的必然趋势。随着中国工业化、城市化进程的加快，城市征地数量和规模会越来越大，因大量耕地被征用而迅速催生了一个急剧膨胀的弱势群体——失地农民。工业化、城镇化的快速推进，必然导致土地的非农使用。有研究估计我国每年产生300多万失地农民。1978—2013年，我国耕地面积净减少16 802.97万亩，如果分别以人均1.4亩耕地和人均2.8亩耕地为标准，可以推算出我国失地农民（包括半失地农民）总体规模在6000万人至1亿人，并且还在以每年300万人的速度递增。失地农民问题尤其是就业问题越来越引起人们的关注。如何有效解决失地农民就业问题，保证失地农民的生活及社会的稳定，是我们面临的现实难题。河南安阳是我国中部农业人口比重较大的一个城市，近年来，随着城市化的加快、失地农民数量的增加，失地农民的就业问题对安阳市社会和谐与稳定造成了一定影响。本书针对河南安阳高新区失地农民的就业现状和问题，在分析其影响因素的基础上，进而有针对性地提出解决安阳高新区失地农民就业问题的对策建议。

本书使用文献法，主要从政府及有关村委会收集关于安阳高新区失地农民的资料，这些资料主要包括政府征地文件、土地征用政策制度、补偿标准、土地补偿款的分配及土地附着物的补偿等相关文件。本书所用的数据，部分来自政府部门文件，有些也参考了新闻单位对高新区建设采访后所报道的相关文章。本书还运用实地观察访谈法，实地观察安阳高新区失地农民现在的生活、工作状况，以便更好地了解情况和进行客观的描述。同时，把实地观察法与失地农民的访谈结合进行，先对被征地的村庄实地考察，然后再对村民进行访谈，主要是对征地前后与就业有关问题访谈，获得了大量的第一手资料。本书涉及的访谈对象主要包括：第一，安阳高新区主管征地工作的副主任及有关工作人员；第二，高新区几个失地行政村的村委会成员；第三，部分失地农民。通过对他们的访谈，了解他们对城市化的态度、意见及土地补偿款的用途等。访谈的主要问题包括：对征地的态度和意愿，是否有知情权、参与权和决定权,征地补偿款的分配和使用情况,失地前后的生活情况、就业情况,对目前状况的满意度等。本书还运用了定性和定量法,第三章对安阳高新区失地农民就业问题的影响因素,运用德尔菲法(Delphi)和层次分析法(AHP)相结合的分析方法,构建了安阳高新区失地农民就业影响因素重要性分析体系,从3个层面10个指标分析了这些影响因素的相对重要性系数(权重)。

本书研究共分为五章。第一章对选题的背景与意义、研究的动态及理论基础、研究思路和方法,以及相关基本概念做了简要说明。第二章就安阳高新区失地农民的就业现状和问题及其影响进行了分析。第三章用Delphi-AHP法定性和定量的研究方法,建立权重体系,从制度因素、农民自身因素和经济因素这3个层面10个指标分析了安阳高新区失地农民就业问题影响因素的相对重要性,为后续对策建议的提出奠定了基础。第四章针对失地农民就业存在的问题和影响因素,分别从加强制度建设、提高失地农民的自身素质、提高企业吸纳能力和构建长效机制等6个方面,提出了解决失地农民就业问题的对策建议。第五章是结论与展望,总结了本书的主要观点,指出了研究的不足及今后的研究方向。

本书适用于高等院校管理类专业专科生和本科生,也可作为地方政府行政人员及主管领导的参考阅读书籍。

撰写成书的艰辛过程中,安阳师范学院商学院书记刘明亮、院长张良悦、副书记张心亮、副院长刘君及人力资源教研室的各位同事、科研处刘国英处长、何方老师、周宏宇老师,以及学校其他部门的领导老师给予了热情帮助,本书才得以顺利出版,在此表示真挚的感谢。科学技术文献出版社的周国臻老师与其他领导为本书的审校和顺利出版提出了诸多建议,感谢指导和帮助。虽然我们付出了艰辛的努力,但囿于水平所限,书中的不足在所难免,敬请专家和读者朋友批评指正。

耿合江
2019年7月

目 录

第一章 绪论 ………………………………………………………… 1

1.1 研究背景与意义 ………………………………………………… 1
1.1.1 研究背景 ……………………………………………… 1
1.1.2 研究意义 ……………………………………………… 3
1.2 研究动态及理论基础 …………………………………………… 6
1.2.1 国内外研究动态 ……………………………………… 6
1.2.2 理论基础 ……………………………………………… 15
1.3 研究的思路和方法 ……………………………………………… 33
1.3.1 研究的思路和技术路线 ……………………………… 33
1.3.2 研究的基本方法 ……………………………………… 34
1.3.3 相关概念界定 ………………………………………… 35
1.4 创新之处 ………………………………………………………… 37

第二章 安阳高新区失地农民就业状况及存在问题 ……………… 38

2.1 失地农民基本状况 ……………………………………………… 40
2.2 失地农民就业状况 ……………………………………………… 41
2.2.1 失地农民就业的稳定性 ……………………………… 41
2.2.2 失地农民就业方式和途径 …………………………… 42
2.2.3 失地农民就业培训的情况 …………………………… 43
2.2.4 失地农民参加失业保险的情况 ……………………… 44
2.3 失地农民就业存在的问题 ……………………………………… 45
2.3.1 失地农民失业比例较高 ……………………………… 45
2.3.2 失地农民自身素质较低 ……………………………… 46
2.3.3 就业安置方式单一 …………………………………… 48
2.3.4 结构性失业突出 ……………………………………… 49

2.3.5　就业转失业比例高 ································· 50
　　2.3.6　自愿性失业 ··· 50
2.4　失地农民就业问题的不良影响 ·························· 50
　　2.4.1　经济影响 ··· 50
　　2.4.2　社会影响 ··· 51

第三章　安阳高新区失地农民就业影响因素及其重要性分析 ·········· 53

3.1　失地农民就业问题的影响因素 ·························· 53
　　3.1.1　与失地农民就业有关的政策及制度因素 ········· 53
　　3.1.2　失地农民自身因素 ································· 56
　　3.1.3　经济因素 ··· 58
3.2　失地农民就业问题影响因素的重要性分析 ············· 61
　　3.2.1　重要性分析指标的选取原则 ······················ 61
　　3.2.2　重要性分析指标体系的建立 ······················ 62
　　3.2.3　重要性分析指标权重的确定方法 ················· 63
　　3.2.4　影响因素重要性分析的实施 ······················ 63

第四章　解决安阳高新区失地农民就业的对策建议 ·········· 70

4.1　加强解决失地农民就业问题的制度建设 ················ 70
4.2　提高失地农民自身综合素质 ····························· 73
　　4.2.1　提高安阳高新区失地农民技能水平的对策 ······ 73
　　4.2.2　转变安阳高新区失地农民的依赖思想 ··········· 74
　　4.2.3　提高安阳高新区失地农民的教育水平 ··········· 74
4.3　发展高新区地方经济，提升企业吸纳就业能力 ········ 75
4.4　鼓励失地农民自主创业 ·································· 77
4.5　培育失地农民就业环境适应的心理调适氛围 ··········· 79
4.6　构建保障安阳高新区失地农民就业的长效机制 ········ 81
　　4.6.1　建立失地农民征地补偿及安置就业的听证程序 ·· 81
　　4.6.2　创新失地农民就业纠纷解决的有效途径 ········· 82
　　4.6.3　完善失地农民就业制度及社会保障制度的监督机制　83

目 录

第五章　结论与展望 ·· 84
  5.1　主要结论 ··· 84
  5.2　研究展望 ··· 84

附录 A　安阳高新区失地农民就业情况调查问卷 ············· 86

附录 B　安阳高新区失地农民就业状况访谈提纲 ············· 88

附录 C　德尔菲法（Delphi） ······························· 89

附录 D　层次分析法（AHP） ······························ 90

附录 E　安阳高新区失地农民就业影响因素重要性分析体系
       各个指标间相对重要性调查表 ··················· 91

附录 F　安阳市高新技术产业开发区 2014 年土地利用现状表 ··· 93

附录 G　安阳市高新技术产业开发区土地利用结构调整表 ····· 94

附录 H　安阳市高新技术产业开发区耕地面积情况表 ········ 95

参考文献 ··· 97

第一章　绪论

1.1　研究背景与意义

1.1.1　研究背景

随着中国工业化、城市化进程的加快，城市征地数量和规模会越来越大，因大量耕地被征用而迅速催生了一个急剧膨胀的弱势群体——失地农民。工业化、城镇化的快速推进，必然导致土地的非农使用。有研究估计我国每年产生 300 多万失地农民。1978—2013 年，我国耕地面积净减少 16 802.97 万亩，如果分别以人均 1.4 亩耕地和人均 2.8 亩耕地为标准，可以推算出我国失地农民（包括半失地农民）总体规模在 6000 万人至 1 亿人，并且还在以每年 300 万人的速度递增。[①] 失地农民失去了土地这一生计保障资源，而且居住方式和生活方式也发生了变化，部分失地农民的生计状况堪忧。当前，我国正处于决胜全面建成小康社会的关键时期，解决失地农民的生计保障问题具有紧迫性。按照《全国土地利用总体规划纲要》预测，从 2000 年到 2030 年的 30 年间，各类耕地被占用数量将超过 5450 万亩。按照 2020 年我国城市化达到 50% 的口径计算，未来将有约 3 亿农民实现身份的转变，其中约 1/3 为城市郊区的失地农民。据预测，城市化进程中将有近 6 亿农民会失去土地。在我国社会进步与发展的过程中，城市化进程也在进一步加速，从中国六次人口普查的数据看，中国城市化水平分别为 1953 年的 12.84%、1964 年的 17.58%、1982 年的 20.43%、1990 年的 25.84%、2000 年的 35.39% 和 2010 年的 49.68%，城市化率呈跳跃式递增状态。表 1.1 反映了城市化进程中乡村人口减少的比例和过程。

[①] 王轶，詹鹏，姜竹. 城镇化进程中失地农民与城镇居民和未失地农民收入差距研究：基于北京地区的调查数据［J］.中国农村经济，2018（4）：121－139.

表 1.1　2010—2016 年人口城市化率

年份	人口数/万人	乡村人口/万人	城镇人口/万人	城市化率
2010	134 091	67 113	66 978	49.95%
2011	134 735	65 656	69 079	51.27%
2012	135 404	64 222	71 182	52.57%
2013	136 072	62 961	73 111	53.73%
2014	136 782	61 866	74 916	54.77%
2015	137 462	60 346	77 116	56.10%
2016	138 271	58 973	79 298	57.35%

数据来源：国家统计局 2017 年发布的年度数据中的人口统计数据一栏。

失地农民失去的不仅仅是其安身立命的土地，并且失去了和土地相连的绝大多数农民应有的权益，同时也没有得到城市居民应得的社会保障权益。2004 年《宪法》修正案第十条虽然对土地征收补偿做出了宪法上的规定，但由于其他相关的制度包括农村土地产权制度和农村土地征用制度、权益补偿制度、社会保障制度等配套规定和措施的不完善、不公正，导致在征地实践过程中，失地农民与参与土地收益分配的主体：各级政府、开发商、村集体组织博弈过程中争取权益话语权的丧失。在多种利益主体关系中，失地农民处于明显的弱势地位，其权益往往在与其他利益主体博弈过程中遭到侵害，在失去与土地相关的绝大多数权益的同时，其社会保障权益却没有得到相应保证。从许多地方的征地实践来看，我国相当一部分失地农民收入减少很多、生活水平明显下降，养老、医疗、就业等社会保障权益没有得到有效的维护，已经形成新的特殊贫困群体。根据调查，东部沿海地区的失地农民，1/5 以上农民的生活水平已明显下降。来自中国社会科学院一份调查报告显示，中西部地区问题尤为突出，西南某省 20% 的失地农户仅靠土地征用补偿金生活，25.6% 的失地农户最急需解决的是吃饭问题，24.8% 的失地农户人均年纯收入低于 625 元，处于绝对贫困状态。2012—2016 年中国耕地面积变化情况见图 1.1。

无疑，失地农民的问题有其复杂性和长期性，既包括生存问题，还包括医疗问题、就业问题和养老问题。学者、专家们研究设计各种解决方案希冀破解这些难题。笔者认为，失地农民问题的核心是就业问题，就业关系失地

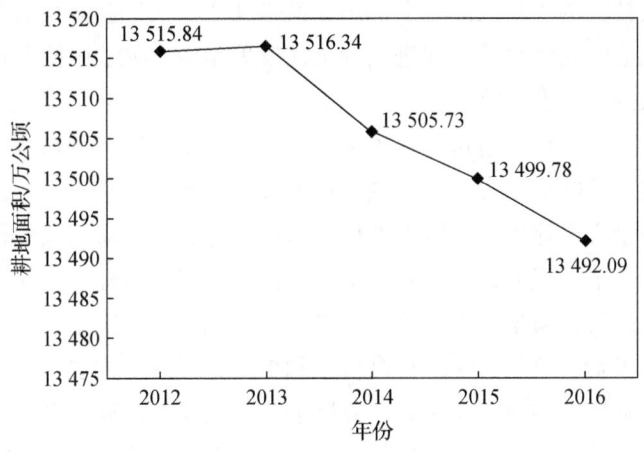

图 1.1　2012—2016 年中国耕地面积变化情况

数据来源：国土资源局 2017 年在官方网站上发布的全国耕地面积统计资料。

农民的基本生活保障，关系着失地农民家庭的生活稳定和社会和谐。因而，就业是失地农民自身全面发展的前提和基础，极大地影响着社会稳定和社会主义和谐社会的建设。因此，研究和解决失地农民就业问题是失地农民问题的重中之重。

1.1.2　研究意义

21 世纪以来，随着中国城市化步伐的加快，失地农民数量会越来越多，短期来看，失地农民可以靠一次性安置补助费用维持生计，实际生活水平不至于明显下降。但从长远来看，随着安置费用逐渐用完，失地农民的就业问题势必凸显。失地农民就业综合素质不高、适应能力弱，使他们家庭的基本生活保障和发展危机出现，给社会和谐与稳定留下了隐患。就业是失地农民最好的保障，关系着失地农民的生存和发展。尤其对于中国的城市化发展来说，解决失地农民的就业问题也是城市化目标顺利实现的重要保证。研究失地农民就业问题，对我们党提出的以人为本构建社会主义和谐社会根本目标的实现具有重要的实践意义。

首先，解决失地农民就业是社会主义社会的本质要求。促进人的全面发展是建设社会主义社会的本质要求。马克思在《资本论》中把每个人的全面而自由的发展作为比资本主义更高级的社会形式的基本原则。这里所说取代资本主义社会的更高级的社会形态,就是共产主义社会。社会主义社会是共产主义社会的初级阶段,促进人的全面发展是历史赋予中国共产党人的使命,实现人的全面发展是社会主义社会的本质要求。

党的十九大指出,坚持以人民为中心。人民是历史的创造者,是决定党和国家前途命运的根本力量。必须坚持人民主体地位,坚持立党为公、执政为民,践行全心全意为人民服务的根本宗旨,把党的群众路线贯彻到治国理政全部活动之中,把人民对美好生活的向往作为奋斗目标,依靠人民创造历史伟业。提高就业质量和人民收入水平。就业是最大的民生。要坚持就业优先战略和积极就业政策,实现更高质量和更充分就业。大规模开展职业技能培训,注重解决结构性就业矛盾,鼓励创业带动就业。提供全方位公共就业服务,促进高校毕业生等青年群体、农民工多渠道就业创业。破除妨碍劳动力、人才社会性流动的体制机制弊端,使人人都有通过辛勤劳动实现自身发展的机会。完善政府、工会、企业共同参与的协商协调机制,构建和谐劳动关系。坚持按劳分配原则,完善按要素分配的体制机制,促进收入分配更合理、更有序。鼓励勤劳守法致富,扩大中等收入群体,增加低收入者收入,调节过高收入,取缔非法收入。坚持在经济增长的同时实现居民收入同步增长、在劳动生产率提高的同时实现劳动报酬同步提高。拓宽居民劳动收入和财产性收入渠道。履行好政府再分配调节职能,加快推进基本公共服务均等化,缩小收入分配差距。

城市化进程中,解决失地农民的就业问题,把失地农民纳入城乡统一的就业和社会保障体系,是确保失地农民的合法权益的前提和基础,也是失地农民得到自由和全面发展的前提,体现着社会主义社会的本质要求。

其次,解决失地农民就业是构建和谐社会的必然要求。党的十九大依据我国经济社会发展的阶段性特征和构建社会主义和谐社会的总要求,提出了"加强社会管理,维护社会稳定,是构建社会主义和谐社会的必然要求"这一重要判断和命题,把加强社会管理、维护社会稳定工作放在了构建和谐社会的重要位置。建立社会主义和谐社会,必须要实现社会公平正义。和谐社会应该是"民主法治、公平正义、诚信友爱、充满活力、安定有序、人与自然和谐相处"的社会。约翰·罗尔斯(John Rawls)的《正义论》提出:"正义是社会制度的首要价值,正像真理是思想体系的首要价值一样。"[①] 诺

[①] 约翰·罗尔斯. 正义论 [M]. 北京:社会科学出版社,1988:50–51.

齐克（Nozick Robert）说："如果每个人的持有都是正义的，那么持有的整体（即分配）就是正义的。"①

加强社会管理，维护社会稳定，是构建和谐社会的重要前提和保障。只有社会安定有序，我们才能切实保证经济持续快速协调发展，才能发展社会主义民主，才能维护和促进社会公平正义，才能有条件解决生态环境建设和治理问题，才能做好构建和谐社会的各项工作。由此可见，加强社会管理、维护社会稳定不仅是构建和谐社会的内在要求，还是完成构建和谐社会其他任务的先决条件。

近年来，随着我国工业化、城镇化的快速发展，非农建设用地的需求越来越大，在现行制度体制条件下，政府只有通过加大征地规模来保障用地需求。但是，由于现行土地征地制度本身的设计缺陷，加之地方政府部门在征地过程中的粗放式操作，一方面造成越来越多的失地农民；另一方面由于土地收益分配严重失衡，失地失业农民又失去生产、生活保障，据各地统计，60%的失地农民生活处于十分困难的境地。因征地引起的农村群体性事件、上访事件均已占到全部农村群体性事件、上访事件的65%以上。② 而且看到不少的事件引发了当地警察和村民的流血性冲突，征地纠纷目前成了农村最不稳定的因素与焦点问题。因而解决失地农民的就业是构建和谐社会的必然要求。失去土地以后，多数农民的谋生手段是短缺的。他们不可能人人去经商，不可能人人外出打工，更不可能人人都当创业的小老板。他们熟悉的是日出而作、日落而息的传统农业，且家里有老有小，无法远走。所以有些农民只能就近寻求收入和职业都不固定的短期工来度日。原先农村的日常生活中很多可以是免费的，即使青壮年外出打工，老人和小孩在家种田及喂猪、养鸡等都可以赚些收入，在解决食品供给外尚可应付家中一般性开支，使外出务工赚回的打工钱成为家里的净收入。但失去土地后，这一切都落了空，即使勤劳也未必能保证丰衣足食，失地农民所遇到的困窘是难以想象的。

最后，解决失地农民就业是城市化发展的必然要求。城市化是社会生产力发展的必然结果，也是不可逆转的历史趋势。对社会发展有着巨大的推动作用，它是一个国家发达与现代化的重要标志。随着中国现代化的发展，城

---

① NOZIK ROBERT. Anarchy, State, and Utopia [M]. New York: Basic Books, 1974: 53-54.
② 人民日报：莫让失地农民失掉未来，http://opinion.people.com.cn/n/2013/0924/c1003-23009091.html。

市化必将以更快的速度发展。我国的城市化水平 1990 年为 26.55%，1995 年为 31.29%，2000 年为 36.2%，2005 年为 41.33%，2006 年为 42.33%，2010 年为 46.06%，2020 年为 51.89%。如此庞大的人口迁移将进一步改变我国城乡人口的分布格局。解决失地农民就业是保证他们基本生活水平的需要，也是维护社会稳定，确保城市化顺利进行的必然要求。每个人都有理想和追求，都有自己的梦想。现在，大家都在讨论中国梦，实现中华民族伟大复兴，就是中华民族近代以来最伟大的梦想。中国梦是追求幸福的梦。中国梦是中华民族的梦，也是每个中国人的梦。我们的方向就是让每个人获得发展自我和奉献社会的机会，共同享有人生出彩的机会，共同享有梦想成真的机会，保证人民平等参与、平等发展权利，维护社会公平正义，使发展成果更多更公平惠及全体人民，朝着共同富裕方向稳步前进。国泰民安是人民群众最基本、最普遍的愿望。实现中华民族伟大复兴的中国梦，保证人民安居乐业，国家安全是头等大事[①]。

研究失地农民就业问题可以使我们总结我国城市化进程中这方面的经验教训，为城市化进程失地农民的就业政策及失地农民就业问题解决提供理论借鉴。

基于此，笔者剖析了安阳高新区失地农民就业问题影响因素，提出了解决失地农民就业的对策建议。本选题的研究对于保障失地农民就业，促进社会和谐、稳定和发展具有实践和理论意义。

1.2 研究动态及理论基础

1.2.1 国内外研究动态

1.2.1.1 国内研究动态

随着城市化进程的加快，国内的专家、学者及政府官员对失地农民就业问题做了一些研究，部分研究成果已经上升为政策决策。如何解决失地农民就业问题，国内理论界提出了多种学术思路和观点，研究主要表现在以下几个方面。

---

① 关于中国梦，习近平总书记这十句话直抵人心，http://cpc.people.com.cn/xuexi/n1/2017/1129/c385474-29674745.html。

(1) 从失地农民就业机制、政策和制度方面研究

万朝林认为，应完善政策保障机制、社会保障机制和就业保障机制，切实保障失地农民的基本权益；徐琴认为征地补偿政策调整的重点应当置于长期的就业补偿和社会保障补偿，针对不同年龄段失地农民的实际困难和需求，建立与市场经济条件相适应的货币补偿、就业培训与安置、创业扶持和社会保障相结合的新模式；石丽娟通过分析造成农民失地失业的原因，提出了建立失地农民社会保障的途径，即建立合理的征地补偿和利益分享机制，建立医疗、养老社会保障机制，建立教育培训保障机制，建立再就业创新机制，制定土地补偿金管理制度；梁亚荣认为，我国当前土地征用标准中，安置补助费包括了土地承包经营权、农民就业、生活保障和福利功能等补偿，这对失地农民利益造成了极大损害。失地农民就业面临时间与空间上的结构复杂性，就业主体与就业结构的持续互动是其特点。从空间上看，失地农民经历了空间转换、空间重构和空间再生产的三大过程；从时间上看，失地农民的就业行为遵循"解构""嵌入"与"分化"的流变轨迹。相应分化为4种行为类型：全面嵌入、变通嵌入、依赖嵌入和拒绝嵌入。对失地农民就业行为发展阶段和所属类型的识别，有助于失地农民就业的现代性诊断，进而促进失地农民就业行为的嬗变。为了提高失地农民再就业培训参与率，开展了一项基于扎根理论的质性分析研究，提出了有关"失地农民再就业培训参与决策机制"的实质理论，并得出两个主要结论：①失地农民的再就业培训参与决策包含有"特征感知"和"价值评价"这两个基本过程；②结合前景理论，可认为"特征感知"过程与"编辑"阶段相对应，主要涉及对"机构实力""师资力量""项目质量"这3个方面的特征感知；而"价值评价"过程与"评价"阶段相对应，主要涉及对"就业素质提升""能力证书获取""就业目标实现"这3个选项结果的前景价值评价，以及对"总体前景价值"的评价。与前景理论结合起来，该实质理论有助于解释"失地农民再就业培训参与决策行为"，促进对"再就业培训系统"运行机制及当前"招生效果"不佳现象的理解，拟定出更多有针对性的对策以提高失地农民再就业培训参与率。利用中国家庭动态跟踪调查（CFPS）数据，分析了劳动力市场分割对失地农民的就业机会与就业质量的影响。就业机会方面，区域、户籍等因素具有重要影响。无论是受雇就业还是自雇就业，东部地区失地农民的概率都最高，中部其次，西部最低。城市户籍的获得，大大降低了自雇就业比重，显著提升了受雇就业概率。进一步分析受雇失地农

民的就业质量，在工资、工作稳定性、工作满意度3个维度，地区、户籍、行业等因素产生了不同影响：就业质量在东、中、西三大地区间呈现出梯度下降趋势，在工资、工作稳定性、工作满意度3个维度上均是东部最高，中部其次，西部最低；获得城市户籍后，工资收入、工作稳定性明显提高，但工作满意度无甚变化；从第一产业到第二产业再到第三产业，工资逐渐下降，工作稳定性逐步上升；工作满意度方面，不同行业的失地农民都相差不大。失地农民再就业是城镇化进程和失地农民生活保障的一个重要问题。基于对湖北省四市2227名失地农民的调查，从社会支持视角下对失地农民再就业的影响因素进行定量分析，结果表明，私人关系支持因素对失地农民再就业产生显著影响，并且私人关系支持对失地农民再就业的作用高于政府支持与市场支持的作用。在影响变量中，帮助者职业相关程度、帮助者社会地位差距状况及再就业技术培训支持状况的发生比值较大。因此，在完善失地农民再就业的社会支持体系时，应注意强化政府责任、改善企业缺位状况及提高失地农民职业培训质量等。失地农民是与我国快速城镇化相伴而生的一个新群体，非农就业问题不仅关乎其自身的生存和发展，也直接影响着我国经济社会发展的质量和成效，关系到"四个全面"战略布局的落实。引入人力资本、社会资本和心理资本三维资本因素，构建了影响失地农民非农就业的理论模型，全面分析了其对失地农民非农就业的作用机制，并采用对北京市大兴区33个征地拆迁村失地农民的调研数据，对理论模型进行实证检验。在理论研究和实证分析的基础上，提出了三维资本视角下的失地农民就业扶助机制。该扶助机制要求对失地农民的就业扶助延伸至就业后的工作适应，使扶助更具系统性和完整性，从而有助于在决策和执行层面把握解决失地农民问题的关键，更加积极有效地化解失地农民反复失业所带来的社会风险。

（2）把研究集中在失地农民就业问题原因方面

王一鸣提出保障失地农民的基本生活，最根本的出路在于就业。中国当前就业形势严峻，而作为处于就业劣势地位的失地农民就业问题更加突出；张车伟进一步指出就业保障制度对失地农民就业有着重要影响：城镇居民失业后可以得到失业保险和城镇最低生活保障制度的帮助，而失地农民则完全被排除在正在建立的城镇社会保障体系之外；同时，农村则根本没有建起任何社会保障制度。这使得农民在失业后得不到任何形式的社会支持和帮助；元露丰认为，就失地农民个人而言，大部分失地农民思想意识落后，仍把劳动力就业寄希望于用地单位和村社。多数无地、无业、无收入保障的失地农民要求村、镇安排工作，解决福利问题，这给当地村镇带来很大的压力，也是导致失地劳动力就业率偏低的重要原因之一；有其他学者指出失地农民就业难，根本原因是我国当前征地制度导致的结果。而当前以货币安置为主的安置模式引发的问题越来越突出，补助费不能取代土地实现最后保障的社会功能。城市化进程中不少农民失去了赖以生存的土地，失地农民的再就业问题不但关系到农民的长远生活保障，同时关系到国家和社会的和谐与稳定。本书通过对安徽天长市 79 户、近 300 名失地农民的调查，介绍了失地农民的生活状况，同时从失地农民的就业情况，分析影响其就业的主要因素，并提出通过加强技能培训、建立多层次就业服务体系、完善土地征用补偿机制等路径来提升失地农民的再就业率。我国失地农民的文化程度低、技能单一，对再就业培训需求很强烈。以河南省鄢陵县为例，通过问卷调查和深度访谈，反映失地农民对于培训意愿、内容、形式、费用的看法，并从加强心理疏导、注重培训实效、重视法律知识培训等方面着手，为失业农民再就业提供有效的解决方案。随着我国城市化步伐的推进，失地农民逐渐增多。在城市化进程中，失地农民能够充分就业是社会稳定发展的重要内容。然而，失地农民就业存在各种影响因素。在界定失地农民概念的基础上，从个人、经济、社会、文化、政府 5 个方面构建失地农民就业水平评价指标体系，并采用 AHP 评价法评价各指标之间的关系，得出技能专长、家庭年收入、当地企业发展水平、就业培训水平、就业安置政策分别是 5 类指标的关键影响因素，并在此基础上提出发展地方产业、建立培训体系、加人扶持力度、制定奖励政策、打造服务平台 5 项对策建议。利用 2008 年和 2015 年北京地区失地农民就业调查的微观数据，通过建立 logit 回归模型，研究新常态背景下特大城市失地农民的就业变化。研究发现，人力资本各要素中，失地农民的受教育程度、健康水平与其就业机会、职业选择高度相关。培训，包括技能培训和一般性的技能宣传性培训，对失地农民就业机会、职业选择的影响不显著。失地是"非常态"，就业是"常态"。城镇化进程中，居住在大城市周边的农民往往会被吸纳入城市人口大军，这是城乡分割的经济社会发展到一定阶段的必然结果。充分发挥政府在教育和培训方面的资源调动优势，建立城郊一体的公共服务体系和民主参与机制是实现失地农民再就业、提高就业质量的重要保障。

(3) 就业安置模式方面的研究

刘伯正认为实行城乡一体化就业，他认为在失地农民就业方面，应实施"两个相同"援助措施，即农村富余劳动力享受与城镇劳动力相同的就业服务和就业优惠政策。并且，城市郊区实施促进就业的优惠措施与市区相同，企业吸纳失地农民与吸纳下岗人员，都应该视作吸纳失业人员，可以申请减免营业税、教育费附加、城市建设维护税、所得税；张汝立（2004）认为从根本上解决失地农民的就业与生活问题，最根本的方法是改安置为补偿，即改变带有计划经济色彩的所谓"安置"思路，取而代之的是按国际惯例给予失地农民体现土地市场价值的补偿款；郑风田，孙谨（2006）认为，目前解决失地农民问题只考虑补偿和保障是不够的，失地农民长远生计的保障方面存在制度缺失，未来应该建立失地农民的可持续长远生存战略，建立完善的创业支持体系，全方位地促进和支持失地农民创业与就业是该战略的重要组成部分。他们同时从创业支持、创业机会、创业服务等几个方面详述了如何构建失地农民创业支持体系；郑红君主张采取市场化就业，她认为对公益性用地，合理确定征地补偿标准，在被征地农民的利益得到补偿的条件下，实行市场化就业。但考虑到农民在城区就业的竞争力问题，可以按一定比例留地安置被征地农民，实行统一规划，划定的安置留地内农民自建自用的，按农村集体土地性质处置；土地所有权转为国有的，收益金归集体经济组织所有，政府给予免收土地出让金和配套费用。允许农村集体经济组织采用土地入股形式，参与营利性项目开发和建设。允许转为建设用地的农村集体土地进入土地一级市场，允许土地所有者以土地使用权入股、出租等方式参与土地开发。

(4) 其他研究角度

池晴媛认为加快经济的发展，为失去土地的农民提供更多的就业机会和生存机会才是解决问题的根本途径；陈凌等指出解决失地农民就业问题，很重要的一条就是政府要提供有效的教育与培训服务，切实提高失地农民文化素质和知识技能，这样既可以提高失地农民再就业的积极性和竞争力，又可以减轻政府安置失地农民就业的负担，取得双赢的效果；有国内其他学者研究认为，我国是社会主义国家，城市化不能以牺牲农民的利益为代价，也不能走西方发达国家剥夺农民生产资料和生活资料的道路，而必须审慎地研究和正确处理保障失地农民利益和权益问题。随着中部地区承接产业转移、城镇化加速和区域经济发展，失地农民的人数快速增长。失地农民离开了土

第一章 绪论

地，失去了传统的劳动方式和生活保障。他们中的适龄劳动人口不得不转向非农再就业，其中的女性也是如此。受到社会性别差异的限制，失地农民中的女性不仅要面对再就业问题，还要平衡其与自身角色和家庭责任的关系。在该群体还缺乏有效劳动就业保护机制的情况下，政府、企业和社会组织共同构建社会性别主流化的劳动就业服务具有重要现实意义。基于征地项目、征地程序和征地补偿3个层面研究了征地满意度因素对失地农民非农就业及市民化程度演变的影响机制；在此基础上，运用SEM模型对长三角地区858户失地农民数据进行了实证研究。结果表明，总体上失地农民征地满意度的提高，对促进其市民化程度提升具有积极意义，其中非农就业发挥了显著中介效应；进一步比较发现，规范有效的征地程序与就业贡献度高的征地项目，有利于提升失地农民总体征地满意程度和非农就业水平，进而对其长期市民化能力的形成具有重要作用；相比而言，现阶段单纯货币化征地补偿政策的就业促进效应不明显，其对失地农民市民化的"贡献"本质属于短期收入增长所致，而长期效果并不确定。失地农民作为城镇化道路中出现的特殊群体，他们失去了赖以生存的土地，并在知识、技能方面都处于弱势竞争地位，因此他们面临着失地即失业的困境。工作是生存最为重要的保障，如何解决其失业风险，成为当前城镇化道路中亟待解决的重要问题之一。本书针对该群体失地前后对就业风险问题的变化，对济南市西郊几个村落群进行了调研，并据此提出解决该问题的几点建议，以期为政府在制定失地农民就业政策时提供可以参考的信息。随着中国城镇化的迅速发展，少数民族农民逐渐失去其谋生的土地，进入城市寻求再就业，但在再就业过程中出现未能就业的比例较高、就业方式与途径较少且缺乏稳定性等问题。少数民族失地农民就业难主要是由于其长期从事农业生产，缺乏其他专业从业技能、政府重视程度不够。要妥善解决少数民族失地农民就业问题，需要提高其非农产业从业技能，挖掘少数民族地区经济增长点促进其就地实现再就业，并为其再就业提供积极的政策扶持。土地是农民赖以生存的主要场所，是农民重要的社会保障和基本的家庭经济基础，在中国工业化与城市化加快推进的过程中，农村由于大量土地被征用，形成的一个庞大的弱势群体——失地农民，其就业问题的解决成为关系国家的长治久安、社会和谐稳定的重要因素。世界主要发达国家或地区均建立起了有效的风险防范和管理制度，美国、英国、日本等发达国家解决农村富余劳动力就业的相关做法和经验有着广泛的影响，通过对这些国家政策、制度、措施的梳理及启示的分析，有助于引导中国科学地制定针对性对策和措施。失地农民寻求就业时面对着社会关系网排斥、制度排斥、经济排斥等，社会排斥既影响和限制农民权益，也有损社会公正，进而危及社会的整体利益。所以在世界范围内，反对社会排斥是消除歧视、消除贫困、消除偏见和各种障碍，进而维护社会公正、公平、安全的重要方式。现阶段，我国正在推进城镇化进程，失地农民的数量会不断提高，他们面对的社会排斥问题会更加突出和严峻。降低社会排斥、解决失地农民就业问题，具有理论与实践的双重意义。已经实现现代化的发达国家，都以各自特有方式解决了失地农民的征地补偿与就业扶持问题。在失地农民征地补偿和就业扶持方面，我们可以充分借鉴他国的经验教训并为我所用。通过分析各国在征地补偿、就业扶持等方面采取的各有特色的制度安排和相关政策，为我国失地农民的征地补偿和就业扶持提供一些启示，如加强立法保障、提高征地补偿标准、完善征地补偿制度、遵循市场原则、合理确定补偿标准并给予差异化的补偿、技能培训形式多样化、注重考核与资格认证、以市场为导向、促进就业等。因此，应结合我国的实际情况，采用差异化的失地农民就业保障模式，培训出"技能素质高、就业能力强"的失地农民。利用中国家庭动态跟踪调查（CFPS）数据，分析了失地农民的家庭禀赋对其就业机会与就业质量的影响。就业机会方面，家庭社会资本、家庭文化资本、家庭经济资本都有助于失地农民就业。家庭社会资本主要对自雇就业起显著积极的作用，家庭文化资本主要对受雇就业产生积极推动作用，家庭经济资本对促进失地农民自雇就业或受雇就业，都具有显著正向的影响，对自雇就业的影响更大。就业质量方面，对于受雇失地农民而言，家庭社会资本的积极功效集中于职业发展上，家庭文化资本的正向功效主要表现在工作稳定性方面，家庭经济资本对就业质量的4个方面（工资收入、工作稳定性、职业发展、工作满意度）都有正向影响。失地农民现象是工业化、城镇化进程中的必然结果，失地农民就业不仅是关系其家庭生存和发展的重大问题，同时也是影响社会稳定及和谐社会建立的关键问题，因此引起了社会的广泛关注。论文以河北省为例，梳理和总结了失地农民就业呈现出的特点，深入分析了影响失地农民就业的因素，围绕失地农民自身发展、政府职能转变和促进经济发展等方面提出了完善促进失地农民就业的政策建议。

1.2.1.2　国外研究动态

西方发达国家农村剩余劳动力向非农产业的大规模转移是由于近代工业革命从根本上改变了原来社会的经济结构所造成的，同时也深刻地影响和改

第一章 绪论

变了这些国家农村的经济结构。针对农村剩余劳动力转移所带来的一系列问题，资本主义政府纷纷采取了一些应对措施。英国1868年颁布了工人《住房法》，授权市议会处理贫民窟问题；1897年，英国议会通过《工人赔偿法》，规定在某些危险较大的特定行业工作的人员，雇主应对丧失工作能力的人员给予赔偿。美国农业人口的非农化转移是走了一条以自由迁移为主与英国完全不同的道路。1870年以后，英国第二次产业革命的成果随着移民浪潮大量转移到美国而影响到美国社会经济结构，使美国开始工业革命，带动了整个国民经济的发展。工业化带动了城市经济的发展，造成了城市劳动力的短缺，进一步吸引了农村剩余劳动力向城市的流动，从而形成了"棘轮效应"，使城镇化的步伐呈加速化趋势。[①] 同时，工业化加速了近代交通的迅猛发展，有力地推动了农村劳动力的转移。此外，工业化还促进了农业机械化程度的迅速提高，农业的发展不仅为城镇化提供了足够的食物，也使大批农业劳动力从土地上释放出来，为城镇化提供了大量廉价剩余劳动力。19世纪中期，针对经济危机爆发导致的大量工人失业问题，德国政府于1855年通过了《穷人权利法规》，对贫困居民实行生活补助；1883年颁布的《疾病保险法》，规定疾病保险费用由雇主负担二分之一，雇员负担二分之一；1903年制定颁布了《劳工法》以帮助失业工人寻找工作。德国完善的社会保障制度正是在解决农村劳动力进入城市这一问题的背景下逐步完善的。[②] 在日本，农业人口向非农产业的转移是发达国家农民市民化成功模式的又一典范。日本本国人多地少、资源短缺，针对这一特点政府对农业剩余劳动力转移进行了干预，走出了一条不同于西方的"跳跃式转移"和"农村非农化转移"相结合的道路。日本农业劳动力能够顺利转移出去，就在于其就业容量较大的非农产业条件。以工业地区主导产业迅速发展所带来的就业机会的扩大是其根本原因。同时，在1945年以后的近10年间，日本迅速降低了出生率，这使其有效避开了其他发达国家在现代化进程中所遭遇的人口和就业压力，缓解了农村剩余劳动力转移的难度。1960—1969年的10年间，日本的机械工业增长了5倍，钢铁工业增长了3.2倍，化学工业增长了2.6倍。工业的加速度发展致使一段时间内出现了工业劳动力供给不足的

---

① 卡尔·文博特. 大都市边疆：当代美国西部城市 [M]. 北京：商务印书馆，1998：51-95.
② 朱信凯. 农民市民化的国际经验及对我国农民工问题的启示 [J]. 中国软科学，2005（1）：28-34.

现象。1968年，这种情况更为严重，当年全国工业产业需要吸纳的劳动力是初中毕业生117.9万人，高中毕业生441.8万人，而劳动力的供给分别只有24.6万人和77.5万人，从而有力推动了农村劳动力的减少。1960—1968年，日本农业劳动力由1228万人下降为878万人。此外，日本政府在农村剩余劳动力非农化过程中发挥了重要作用。1961年，政府颁布了《农业基本法》和《农业现代化资金筹措法》，规定在10年内要将农户总数的60%转移到城镇非农产业，同时由国家贴息向农户提供长期贷款，促使农业机械化，改变原有农业结构。这一措施收到了显著的效果，使农业人口占全国总人口的比重，由1960年的37.1%下降到1970年的25.6%。此外，日本政府又利用"农协"组织，引导农业产业逐渐向"龙头企业+基地""农协（市场）+基地"转变，使农业逐步融入工业循环的大体系之中。①

在发达国家农业剩余劳动力向城镇非农产业转移的过程中，出现了多种理论解释，其中比较著名的有刘易斯的二元经济模型、费景汉－拉尼斯模型、托达罗模型等。刘易斯认为，农村剩余劳动力转移的实质就是在城乡二元经济结构背景下，向工业部门无限供给的农村剩余劳动力为了寻求更多的经济机会而采取的流动行为。拉尼斯、费景汉等人修正了刘易斯模型，认为农业部门劳动生产率的提高，农业剩余产品的增加是农业劳动力转入现代工业部门的前提条件。②托达罗的人口迁移模型认为，农村劳动力向城市转移，是根据"预期"收入最大化目标做出的。③这些理论从不同角度对农村剩余劳动力转移问题做出了解释，在一定意义上对做好我国农村劳动力转移工作具有启发意义。

本书的研究主要重点在于通过对安阳高新区失地农民就业现状、就业存在的问题及其后果的分析，进而对安阳高新区失地农民就业的影响因素进行了重要性分析，构建重要性分析体系，在定性和定量分析的基础上提出了解决失地农民就业问题6个方面的对策建议，即加强制度建设、提高失地农民自身素质、提高企业吸纳劳动力的能力和构建保障失地农民就业的长效机制。

---

① 张季风．战后日本农村剩余劳动力转移及其特点 [J]．日本学刊，2003（2）：78－93．
② 刘易斯．二元经济论 [M]．北京：北京经济学院出版社，1989：145－162．
③ 周天勇．托达罗模型的缺陷及其相反的政策含义 [J]．经济研究，2001（3）：75－82．

1.2.2 理论基础

1.2.2.1 就业理论

关于失业形成的原因和解决就业这两个根本性问题,产生了许多有关就业理论,就业理论的形成和发展对制定与实施就业措施,解决就业问题提供了有力的工具和理论支持。以下是和本研究有关的西方典型就业理论。[①]

古典学派就业理论是西方经济理论中的一个重要学派。古典学派就业理论认为,由于商品是由商品来购买的,货币仅仅是商品交换的媒介,所以商品供给会自动产生需求,商品供给越多,需求越大,只要市场是完全自由竞争的,商品不会产生过剩问题,资源就可以得到充分的利用。劳动力市场也是这样。在劳动力市场上,只要竞争是自由充分的,劳动力过剩问题就不会出现,失业问题就不会存在,萨伊定律就是这一理论的突出代表。

古典学派和萨伊定律将自由竞争作为前提条件否定了失业问题的普遍性,但是从另一个角度也可以这样理解,假如自由竞争受到限制,失业问题的产生仍然是有可能的。失业问题正是竞争不充分所导致的结果,要解决失业问题首先就应该解决劳动力市场竞争不充分的问题。

货币学派就业理论。20 世纪 60 年代以美国经济学家米尔顿·弗里德曼(Milton Friedman)认为在任何时候,都存在与实际工资率结构相适应的某种均衡失业水平即自然失业率。弗里德曼认为发挥市场自发调节作用就可以解决劳动力的失业问题,反对人为最低工资率的规定,强调了完善劳动力市场,消除各种人为障碍和限制;加强失业人员就业培训;建立高效的职业介绍机构,为失业者及时提供就业信息和服务等。

新凯恩斯工资黏性就业理论是产生于 20 世纪 80 年代的一个主张政府干预经济的理论。关于就业理论,新凯恩斯主义对失业理论进行了新的研究。新凯恩斯主义就业理论的关键在于工资的黏性。所谓工资的黏性是指工资随着需求的变动而不能相应地调整,工资上升容易而下降困难。新凯恩斯主义者就失业问题提出解决措施:第一,更多考虑长期失业者的利益,对失业者进行职业技能培训,提高他们的边际劳动力价值,降低劳动力的周转成本,为他们提供更多的就业机会;第二,干预劳动工资合同,使工资较有弹性,以提高就业率。

---

① 高鸿业. 西方经济学 [M]. 北京:中国人民大学出版社,2005:230 – 295.

刘易斯就业理论。该理论源于"二元经济结构理论"。[①] 刘易斯指出,发展中国家经济的一个典型特征是存在二元结构,即存在一个相对先进的工业部门和一个相对落后的农业部门。根据刘易斯的就业理论,解决就业问题的根本措施是加快先进部门的资本积累,从而加速农村劳动力的转移速度,结束劳动力的无限供给趋势,实现劳动力市场的供需平衡。刘易斯就业理论对当前中国城市化推进中失地农民就业问题的解决具有重要的理论指导意义。

西方发达国家不同的就业理论反映了他们的不同发展阶段其对失业现象的原因与就业问题解决的认识。通过对失业原因及其产生影响和后果的研究分析,为制定有效的就业政策与解决就业问题提供了有力的理论依据和基础。但由于就业理论的产生都是在一定历史阶段产生的,存在历史的局限性。这些就业理论针对失业原因理论假设,多为实现理想的就业状态,解决失业问题,或是通过市场机制调节就业,或是通过国家直接介入干预就业,要么两者结合。对处于城市化快速发展的中国来说,借助西方成熟的就业理论,结合中国的实际,分析失地农民失业、寻求解决就业对策具有很强的理论指导意义。

1.2.2.2 人力资本理论

人类社会进入20世纪以后,教育与经济的关系在全球范围内被引起高度重视,经济和教育成为人类社会发展的两大基础。教育和经济的发展,促成了一个新的经济理论——人力资本理论。

所谓人力资本是指劳动者所具有的知识、技能及其所表现出来的能力,是生产增长的主要因素,也是具有经济价值的一种资本。人力资本理论认为,教育具有提高劳动生产率的功能及培养经济发展所需人才的生产功能;同时阐明了教育与经济增长的关系,揭示了教育具有促进经济增长和提高经济效益的功能,并大力提倡增加教育投资。这一理论,为西方教育经济学的建立奠定了理论基础。

古典政治经济学家威廉·配第(1623—1687年)提出了劳动价值论的观点。他把人的技艺列为除了土地、物质资本和劳动以外的第4个相当重要的因素。而且认为具有技艺的人所创造的价值比没有任何技艺的人要大。他

[①] 林汉川,夏敏仁. 发展中国家剩余劳动力转移的三个模型探析[J]. 数量经济技术经济研究,2002(5):125-127.

用非常简单的方法对具有不同技艺的人力的货币进行测量来论证其观点，英国农民每周获得 4 先令，而海员的收入多至 12 先令，得出"一个海员实际上等于三个农民"的结论。① 配第认为，技艺不是天生的，而是通过后天的教育和培训形成的。这就为教育的经济价值研究奠定了经济基础。

亚当·斯密（1723—1790 年）在人力资本及教育的意义方面相对前人做了更深刻的理论阐述。他第一次把人的经验、知识、能力看作国民财富的重要组成部分和生产发展的重要因素，指出"人的才能与其他任何种类的资本，目标是重要的生产手段"。② 它提示了人的知识、经验和才能对社会生产的重要作用。这是一种具有生产性的资本，为后来人力资本理论的创立提供了清晰的思维。

美国经济学会会长、诺贝尔经济学奖金获得者舒尔茨是人力资本理论的创立者。1960 年，舒尔茨在经济学年会上发表了题为"人力资本投资"的演说，对于人力资本观点做了十分系统的论述。此后，舒尔茨又发表了大量的有关人力资本理论的论述，构成了舒尔茨的人力资本理论体系。人力资本理论主要包括以下几个方面：①人力资源是所有资源中最重要的资源，人力资本理论是经济学的核心问题；②在经济增长中，人力资本的作用远大于物质资本的作用。人力资本投资和国民收入成正比，比物质资源增长速度要快得多；③人力资本的核心是提高人口素质，教育投资是人力投资的主要部分。不应当把人力资本的再生产仅仅视为一种消费，而应看作一种投资，这种投资的经济效益远大于物质投资的经济效益。教育是提高人力资本最基本的主要手段，所以也可以把人力投资视为教育投资问题。生产力三要素之一的人力资源显然还可以进一步分解为具有不同技术知识程度的人力资源。高技术知识程度的人力带来的产出明显高于技术程度低的人力；④教育投资应以市场供求关系为依据，以人力价格的浮动为衡量符号。

对于中国这个农村人力资本存量异常薄弱的农业和农村大国而言，增加农村人力资本投资，提高农民的素质，不仅有利于提高农业劳动生产率，加快城市化进程，而且有利于促进农村剩余劳动力向非农产业转移。

1.2.2.3 土地产权理论

产权在表现形式上是法律权利关系，在实际内容上是经济利益关系。关

---

① 靳希斌. 从滞后到超前：20 世纪人力资本理论·教育经济学 [M]. 济南：山东教育出版社，1995：6 - 7.
② 亚当·斯密. 国富论：上卷 [M]. 北京：商务印书馆，1979：246 - 247.

于土地产权理论，发展至今已经形成了马克思土地产权理论和西方土地产权理论。

(1) 马克思土地产权理论

应该说，马克思土地产权理论是一个科学的理论体系。马克思认为，土地产权的本质是"一定所有制关系所特有的法的观念"；土地产权包括所有权、占有权、使用权，既可能完全统一，也可能相互分离，统一或分离既取决于一定的社会生产力和生产关系的性质及其发展程度，也取决于与此相适应的经济体制的发展程度。产权分解有三种形式：一是产权权能归属同一主体，即生产资料的所有者同时也是占有者、支配者和使用者；二是产权权能分归不同的主体；三是产权权能归同一所有制主体的不同部分。马克思也提出了土地终极所有权（最高所有权）概念，即部分人垄断一定数量的土地，并把其作为排斥其他一切人的、只服从自己个人意志的领域。该观点既表明了土地终极所有权具有的排他性，也阐述了土地客体的归属关系。

马克思同时指出，生产关系并不是一成不变的，而是随着生产力水平发展和其他各种因素的变化而不断变化的；生产力发展的不平衡性和多层次性，决定了一个社会可能同时存在多种所有制，也就是可能存在多种土地产权结构。而土地产权结构变化的基本规律是：分离和独立后的土地产权既要在经济上获得实现，又要使土地产权的分离和独立形成新的经济关系；否则，这种分离和独立就没有任何有价值的意义。土地产权交易的内容涉及两个方面，即土地所有权的买卖和土地使用权的租赁。前者是指土地的买者把资本付给卖者，卖者放弃土地所有权，实现权属变更；后者是指土地所有权人把使用权出租给他人，从而获得租金的过程，土地权属没有变更。总体上讲，马克思的土地产权理论旨在提示资本主义土地产权关系的虚伪性和欺骗性。

(2) 西方土地产权理论

相对于马克思采用宏观、整体的分析方法而言，西方产权经济学则是一种微观、个体的分析范式，主要是在资本主义既定制度前提和背景下对所有权、激励与经济行为的内在联系所进行的探讨，即考察不同产权结构对资源配置效率及收益报酬的影响。新制度经济学鼻祖罗纳德·哈里·科斯（Ronald H Coase）指出，土地产权的界定和安排会影响土地资源配置效率；当市场交易不存在成本时，产权的初始界定对资源配置没有任何影响；但如果存在交易成本，明确的产权会促使谈判双方利用市场机制，通过订立合约,寻找到使各自利益损失最小化的合约安排。哈罗德·德姆塞茨(Harold Demsetz)认为,产权是一种社会工具,其价值在于:它能帮助一个人形成与其他人进行交易的合理预期,并引导人们实现将外部性较大地内在化的激励。他在比较分析共有制、私有制和国有制3种所有制后,得出了土地私有制优于共有制的结论,其原因在于土地公有产权无法克服外部性进而存在效率低下的问题。

1.2.2.4 社会保障理论

(1) 马克思社会保障理论

马克思认为,人的需要的层次性和复杂性推动着社会发展和历史前进,作为化解国民生活后顾之忧和调节社会收入再分配以实现社会公平重要手段的社会保障,在满足人的需要方面发挥着重要的作用。梳理和总结马克思主义关于人的需要、社会公平及社会保障制度细节等方面的思想与论述,对完善当前我国失地农民社会保障制度及提高该制度运行效率等具有重要启示价值。

第一,人的需要的阐述。在《论犹太人问题》和《黑格尔法哲学批判》两篇重要的文章里,马克思对人的需要进行了深刻阐述。马克思最初把人的需要看作人的本质,认为人不仅是一种自然存在物,更是一种具有生命的自然存在物;而有生命自然存在物的特点就在于其有自身的需要。在马克思主义系统化并逐渐形成体系后,他关于人的本质的观点有所改变,不再视需要为人的本质,转而强调人的本质在于其社会性、历史性和实践性,但马克思仍然非常重视人的需要的内在作用。此时,他把人的需要谓之"人的本性",把人的自然需要称为"人的一般本性",把人的社会需要称为"历史地发生了变化的本性"。马克思还认为,人的需要是分层次的,在低层次的需要获得满足后,高层次的需要必将会产生。这与马斯洛的需求层次理论具有高度一致性。同时,马克思特别强调,正是由于人的需要未能得到满足,人类才难以得到全面的解放;而要真正摆脱不公正的社会,就必须满足人类的需要;人的最高层次的需要是实现其全面发展,而这只能在共产主义社会方能实现。马克思主义继承者后来对人的需要思想进行过重要的补充与拓展,如恩格斯把人的需要分为生存资料需要、享受资料需要和发展资料需要3个类别。

第二,社会公正的阐述。马克思关于社会公正的阐述主要包括分配公正、平等自由和社会调剂3个方面的内容。

因存在强迫工人延长劳动时间、提高劳动强度等榨取工人剩余价值的现象，资本主义在本质上并没有实现，也不可能实现社会财富的公正分配；建立在生产力水平大幅提高、社会财富极为丰富基础之上的共产主义高级阶段实施的按需分配，满足了社会成员的不同需求，社会公平正义得以彰显；不发生社会结构与社会秩序的本质变革，仅靠具有再分配性质的福利计划工具来促进社会公平正义，只能是纯粹的政治装饰。当然，这也是马克思坚信共产主义必将战胜资本主义的重要缘由。

自进入文明社会以来，平等自由就一直是人们不懈追求的目标和思想理论家们孜孜不倦探索的主题。但平等自由在不同历史时期具有不同内涵与外延，因而不同时代的思想家们往往从不同的维度探究、审视与推动平等自由。为资产阶级服务的思想家们通过论证物质生产领域商品交换形式的平等自由进而为其制度进行了形式辩护，马克思则揭示了资本主义生产关系的本质，指出商品交换属于物质生产领域的本质属性，深刻而无情地批判了资产阶级思想家相信资本主义制度本身能够解决个人利益和普遍利益矛盾的观点。马克思认为，平等的政治和社会地位是任何人应有的权利，只有彻底消灭私有制，平等自由才能真正实现。因此，马克思极力推崇消灭阶级和消除压迫，大力主张剥夺统治阶级的国家权力，实现人民良好的自我管理，进而达到人类的平等自由。

实行社会调剂是确保人人共享普遍受益原则实现的重要手段。为了消除社会中实际存在的不公平现象，马克思主义者认为应注重社会的普遍调剂，即通过社会财富再分配途径来实现社会公正。马克思关于社会调剂的观点主要有：在资本主义社会，社会财富趋于合理的分配主要是通过国家进行社会调剂，将资产阶级榨取的剩余价值尽可能多地转移给被剥削阶层；劳动产品在共产主义社会初级阶段也不可能完全按照平等的权利在全体社会成员中分配，只有劳动者才能参与劳动产品的一次分配；"六项扣除"为社会全体成员提供社会福利并为丧失劳动能力的人提供社会救济；二次分配必须考虑"用来应付自然灾害和不幸事故等的保险基金""用来满足学校与保健设施等共同需要部分""为丧失劳动能力的人等设立基金"。

第三，社会保障的阐述。马克思关于社会公正分配、平等自由和社会调剂等的论述，实际上是其社会保障思想的重要源泉。马克思认为，社会保障制度的根本出发点是要促进社会财富的公正分配，其最终目标是要实现人与人之间的平等自由，其关注重点应是在初次分配中处于不利地位的弱势群体;国家和政府应通过其特有的强制力,以征收高额税收等方式承担实行社会保障的主要责任;资本主义制度下,资本家榨取了工人的剩余价值,社会保障是满足工人基本生活需要的调剂手段;生产资料私有制使得人与人之间的完全平等在资本主义制度下不可能彻底实现,对资本家而言承担社会保障责任也是一种被迫的行为,但社会保障也能缩小不同阶级之间的某些差异;在共产主义社会中,社会保障则是最终实现按需分配的工具。马克思还对社会保障基金的实质、社会保障制度的功能、社会保障资金来源、最低工资制度等进行了深入阐述。如马克思认为,资本主义社会保障基金是工人自身创造价值的流出,资本家的财富和利益并未受到实际性的损害;最低工资制度只是资产阶级保护自身利益的道具,是"货币关系掩盖了雇用工人被剥削的本质"。

(2)西方关于社会保障的相关理论

社会保障制度的建立与发展,无疑受到政治、经济、文化等诸多因素的影响。社会保障制度起源并形成于近代西方资本主义国家,因而西方理论界对社会保障问题有较多论述,并形成了理论体系。从时间脉络来看,西方社会保障理论大致经历了早期产生阶段、中期发展阶段和现代多样化改革阶段。

1)早期产生阶段的主要理论

第一,亚当·斯密的社会保障思想。主张自由放任主义、坚信经济规律决定价格和要素报酬的古典经济学派代表人物亚当·斯密极力否定社会救济的作用。在其看来,价格机制是资源配置的最好办法,市场分配结果是最合理的结果,政府对社会经济任何形式的干预,如对收入进行的再分配,都将会破坏市场运行机制,影响市场效率。

因而,在英国1601年颁布旧《济贫法》以促进社会保障时,亚当·斯密对此进行了猛烈批评。他认为该法严重阻碍了居民的自由流动和劳动者的就业自由选择权。应该说,亚当·斯密及大卫·李嘉图、托马斯·马尔萨斯(Thomas Malthus)和约翰·穆勒(John Stuart Mill)等追随者的相关思想与言论实际上阻碍了英国社会保障事业的发展。

第二,历史学派的社会保障思想。历史学派起源于19世纪初期的德国,学界通常以19世纪70年代为界限将其分为新、旧历史学派。旧历史学派代表人物主要是弗里德里希·李斯特(Freidrich Liszt),新历史学派的标志人物主要有谢夫勒(Israel Scheffler)、阿道夫·瓦格纳(Adolf Wagner)等。

历史学派产生于德国经济学家们用"国家经济学"与古典学派的"世界主义经济学"进行对抗的过程之中。总体而言,历史学派认为国家除了维护国家安全和社会秩序的职责外,还有促进社会福利发展的使命。新历史学派提出要实行社会改革,倡导通过工会组织化解劳资矛盾及主张国家制定劳动保险法、孤寡救济法等法规增进社会福利。新历史学派上述具有社会改良性质的主张被俾斯麦政府所接受,进而成为德国实施社会保险的重要理论依据。

2)中期发展阶段的主要理论

第一,凯恩斯主义的福利保障理论。1936年,英国资产阶级经济学巨匠约翰·梅纳德·凯恩斯(John Maynard Keynes)撰写、被誉为拯救资本主义的经典著作《就业、利息和货币通论》问世。该书是在萨伊定律"供给可以自行创造需求"面对资本主义国家经济大萧条,既无法合理解释也无法积极响应时,为应对资本主义生产过剩和严重失业所开出的拯救药方。凯恩斯认为,生产过剩的经济危机和非自愿失业均是由"有效需求不足"(insufficient effective demand)所引致,因而只要使社会"有效需求"水平达到充分就业水平,资本主义现实困境就可迎刃而解。而使总需求与总供给在充分就业水平上均衡的实现路径主要有:政府通过赤字预算,扩大公共事业投资,刺激社会投资欲望;推行适度的通胀政策,增大企业家预期利润并缩小"流动偏好",激发社会投资需求;通过向富人征税再救济穷人的福利措施,提高社会边际消费倾向,扩大整个社会的消费需求,刺激生产。凯恩斯的"提高社会福利水平"等福利思想反映了社会保障支出并非零和游戏,它对穷人和整个资本主义社会都具有积极影响。

第二,"福利国家"倡导者的主要思想。"福利国家"的概念出现在第二次世界大战后的英国,它倡导"普遍受益"准则,其倡导者坚持集体主义价值观,认为社会公平仅靠通常调节是远远不能实现的,政府有义务和责任通过建立福利调节制度促进社会公正。1884年,福利国家理论倡导者在英国成立"费边社"(Fabian Society),其主要成员有乔治·萧伯纳(George Bernard Shaw)、西德尼·詹姆斯·韦伯(Sidney James Webb)等人。"费边社"的社会保障思想主要有:基于自由、平等、民主和人道主义精神的社会价值观,社会中每个公民都有权利享受最低标准的文明生活;发达的经济并不能自动消除社会中存在的贫困,政府必须承担相应职责,组织各种社会服务,通过社会再分配实现一定程度的公正与平等;人是目的而不是手段,合理分配收入、消除贫困以促进社会整体繁荣的最终目标是为了"使人更成为其人"。

(3) 现代多样化改革阶段的主要理论

进入20世纪70年代末,西方主要资本主义国家纷纷陷入"滞涨"(stagflation)困境,凯恩斯主义下的国家干预政策既无法解释也无法有效应对新的经济发展困境,因而以"新古典复兴"为标杆的新自由主义借机兴盛起来了。新自由主义分支较多,包括以米尔顿·弗里德曼(Milton Friedman)为代表的现代货币学派、以弗里德里希·冯·哈耶克(Friedrich August von Hayek)为代表的彻底自由主义学派及以保罗·克雷·罗伯茨(Paul Cray Robers)为标志人物的供给学派等。应该说,新自由主义是市场机制与自由竞争最虔诚的继承者,认为社会保障制度破坏了市场运行机制和市场竞争秩序,因而该学派立场坚定地反对国家干预经济和实行"国家福利",极力主张社会保障的市场化、私有化。如现代货币学派反对国家干预经济和通货膨胀,提倡负所得税方案;彻底自由主义者反对收入平均,主张实行非再分配性、非强制性和非政府性的社会保障制度;供给学派以萨伊定律(Say's Law)和拉弗曲线(Laffer curve)等理论为指导工具,强调政府应鼓励生产而不是消费,反对政府通过社会保障制度进行收入再分配。新自由主义的社会保障思想归纳起来是:社会保障制度不仅不能减轻贫困,反而会加大贫困。

1.2.2.5 失地农民的社会保障

近年来,随着我国城市化和工业化进程的加快,失地农民已成为一个庞大的特殊群体,他们面临着生活、就业、养老等多方面的困难,逐渐成为影响我国经济社会发展的一大隐患。因此,引起了学术界的充分关注。学者们从土地对农民的保障功能、社会公平、城市化发展及构建和谐社会等角度论述了建立失地农民社会保障的必要性,并且指出政府是责任主体,应建立政府主导型的失地农民社会保障体系。为此,王珊珊等(2010)提出要设立失地农民基本生活保障金制度、基本养老保障制度、医疗、就业保障、农民转市民、留地保障及法律援助等多种方式相结合的保障体系。从被征地农民社会保障制度内容安排上,多数地区将工作重点集中在养老保险、医疗保险、失业保险上,根据目前被征地农民社会保障政策运行的状况,学者们分别对其进行研究(李薇,2010)。陈信勇、蓝邓骏(2004)从建立失地农民社会保障制度的必要性和有关实践的角度出发,主张建立失地农民的社会养老保险制度、多元化的医疗保障制度、适当水平的最低生活保障制度及就业培训和社会服务的保障制度。朱明芬（2003）提出应建立、健全失地农民养老保障制度，在条件许可的情况下，为社区失地农民购买大病医疗保险，同时，对丧失劳动能力的失地农民实行最低生活保障制度。宋青锋（2005）指出根据目前国家和社会的实际情况，失地农民社会保障的内容应该设计养老保险、医疗保险、失业社会保险。

（1）养老保障

不同学者从多个角度论证了建立被征地农民养老保障的必要性。史春欣（2011）指出由于我国广大农村地区目前的养老方式主要是依靠传统的家庭养老模式，具有一定的社会风险，建立失地农民养老保障制度，从根本上解决了农民对失去土地后养老问题的担忧，很好地规避市场风险，同时可以减少因养老问题而产生的城市化阻力，也可促进失地农民自身的"可持续生计"起到积极的作用。蒋翠珍（2007）则提出了建立"统账结合"（社会统筹保险 + 个人账户）的养老保险模式。同时，国务院出台《国务院关于开展新型农村社会养老保险试点的指导意见》，探索建立个人缴费、集体补助、政府补贴相结合的新农保制度，给予老龄农村居民以生活保障。这对于中国的广大农民来说无疑是一个好的开始，毕竟农民的社会保障制度已从无到有，逐步完善起来。徐秋花、侯仲华（2006）指出，建立农村养老保险制度，特别是解决被征地农民的养老保险是破解"三农"问题的重要政策选择。袁斌、陈树文（2008）指出，通过建立被征地农民养老保险制度，将被征地农民平稳地纳入社会保险体系，既解决了被征地农民的养老问题，又扩大了养老保险覆盖面，增强了保险的社会调节功能，又适应了和谐社会的基本要求。黄智饶（2008）提出，建立被征地农民养老保险制度是解决农村老龄化问题的迫切需要。针对目前养老保险实践存在的诸多问题，冼青华（2006）认为，我国现有的被征地农民养老保险没有完善的制度，没有形成规范管理，可操作性差。史先锋、曾贤贵（2007）认为，被征地农民养老保险存在以下问题：政策缺乏强制性，被征地农民参保率低；个人缴费比例过高，保障水平过低；保险层次单一，满足不了被征地农民不同层次的保险需求。王莉丽（2007）认为，现有被征地农民养老保险基金与城镇养老保险基金相互隔离，使其缺乏与城镇养老保险衔接的灵活途径。被征地农民养老保险制度和城镇养老保险制度之间应有相通性或兼容性，以保证农民户口转为城镇户口的被征地农民养老保险的过渡。储宇奇（2013）、刘少卿

第一章 绪论

（2014）等也都对失地农民的养老保险制度存在的问题和诱因进行过探讨。

（2）医疗保障

张子任、方业树（2010）指出，我国新的农村合作医疗制度仍然处于试点阶段，大多数农村还没有建立，覆盖面较低。关于构建被征地农民医疗保障的总体思路，王晓莹（2007）指出了被征地农民医疗保障制度存在的问题并分析了原因，得出我国应构建广覆盖、多层次、多形式的医疗保障制度，这一制度应包括医疗保险金的筹集、监管、医疗保障制度的模式及具体实施办法、医疗服务的管理等相关内容。燕秋梅（2008）认为，建立被征地农民医疗保障制度需要政府干预，这也是政府的职能所在，因此政府应明确承担以下责任：确立保障模式、立法、财政和运营的监管。很多学者对各地被征地农民医疗保险的实践模式进行了分析，并就模式的选择提出了自己的观点。徐玮等（2007）认为，被征地农民应被纳入城镇医疗保障体系，并以杭州经济开发区为例，提出了被征地农民医疗保障制度设计思路：从城镇困难群众的保障、土地的保障作用、农民的一般意识和城乡统筹等角度设计被征地农民的医疗保障。袁杰、吴广明（2008）介绍了各地对被征地农民医疗保险的不同做法和模式后，认为被征地农民加入新型农村合作医疗是最合适的。徐唐奇（2008）以湖北省为例，阐述了构建和完善被征地农民社会医疗保障制度的基本思路、原则、具体操作程序、运行和管理，重点研究了湖北省被征地农民医疗保障资金的构成与筹措、医疗保障资金的监管、给付和运行管理，被征地农民社会保障问题文献综述及对策探讨。

（3）就业保障

在被征地农民的就业方面，多数学者将目光聚焦在被征地农民再就业领域，一致认为失去土地后的就业问题是解决被征地农民生活的关键所在。马驰、张荣（2004）指出，补偿、保障和就业是解决被征地农民生存和发展的3个重要方面，其中，补偿、保障是基础，就业是关键。蒋和胜、涂文明（2004）在破解被征地农民问题的思路上，认为不应局限于对被征地农民补偿安置制度做出修补和政府行为上做出规范，更要立足于从制度上给予根本安排，建立以就业为支撑的政府主导型被征地农民社会保障体系。政府应组织劳务输出，借地发展农业，大力发展集体经济，发展劳动力密集型的加工产业和服务行业，并给予政策倾斜，以帮助社区增加就业机会，部分吸纳失地劳动力。

(4) 最低生活保障

最低生活保障是全体国民应当享有的基本权利，失地农民最低生活保障制度的建立必须重视。郑功成（2007）认为，首先要科学制定最低生活保障线标准，由于地域的不同保障线标准有所差异，应当从维持基本生活的物质需要、当地人均国民生产总值和人均纯收入、地方财政和乡镇集体的承受能力等多方面来考虑。其次，要合理界定保障对象。从经济收入、家庭就业人口、实际劳动能力等方面作为基本标准，再结合当地的经济发展状况合理界定保障对象。要确立多渠道资金筹集机制，除了地方政府、基层政府和村民委员会集体经济组织及失地农民共同负担之外，还应该借助社会的力量，以社会化帮扶的渠道募集资金，为最低生活保障制度的建立提供物质基础。

1.2.2.6 城乡二元结构理论

1933年，荷兰经济学家伯克在对印度尼西亚社会经济的研究中，把该国经济和社会划分为传统部门和现代化的荷兰殖民主义者所经营的资本主义部门，他当时的研究仅限于对二元经济的一种单纯的描述[①]。1954年，英国经济学家刘易斯首次提出二元经济结构的概念[②]。在《劳动无限供给条件下的经济发展》一文中，刘易斯阐述了"两个部门结构发展模型"的概念，并在20世纪60年代以后成为最常用的解释第三世界国家劳动力剩余的重要模型。两个部门是分别指传统的、劳动边际生产率为零的农业部门（该部门还往往人口过剩且劳动所得仅能维持生存）和劳动生产率较高的现代城市工业部门。该模型重点考察了剩余劳动力的转移问题，以及现代工业部门的产出增长与就业增长，并认为随着工业的发展，农业部门的剩余劳动力会不断地向现代工业部门转移，从而最终实现剩余劳动力被全部消化。该理论第一个系统地论述了二元经济结构问题，但也存在着一些缺陷，如他认为农村存在剩余劳动力，而城市则已充分就业，并假设现代部门存在一个竞争性的劳动力市场，以确保城市的真实工资保持不变，直至剩余劳动力完全消化。

1961年，费景汉和古斯塔夫·拉尼斯对刘易斯模型进行了改进，在《经济发展的一种理论》一文中提出了费景汉－拉尼斯模型，该模型在一定程度上对二元经济结构论进行了补充，但其研究的重点仍是解决农村剩余劳动力和工业部门的快速发展问题。该模型认为农业除了在剩余劳动动力的转

---

① 帕克.城市社会学[M].宋俊岭，译.北京：华夏出版社，1987.
② 刘易斯.二元经济论[M].施炜，等译.北京：北京经济学院出版社，1989.

移方面对工业有重要作用，农业剩余的提供更是不可忽视的贡献。同时，指出若农业剩余不能满足工业所消化的剩余劳动力对农产品的需求，则剩余劳动力转向工业部门的进程就会停止。该模型假设农业部门中存在用以维持生计的不变工资，并将经济结构的变化过程归纳为三阶段：第一阶段是劳动生产率等于零的那部分劳动力流出，这部分劳动力是多余的；第二阶段是边际生产率大于零但小于不变制度工资的劳动力流出（这两个阶段的劳动力是农业中伪装失业者的劳动力）；第三阶段是农业劳动边际产品的价值大于不变的制度性工资的劳动力流出，这部分的农业劳动力已经变成了竞争市场的产品。

刘易斯模型和费景汉－拉尼斯模型都存在一个值得怀疑的假定，即认为剩余劳动力的边际产量为零。随着学者们对此的不断研究，逐渐形成了新古典主义框架下的、以是否存在边际生产率为零的剩余劳动为出发点的二元经济。在该框架下，生产方式的不同是传统部门与现代部门的最主要的区别，并可以通过新的资源配置，逐渐消除两部门在生产方式方面的差异，其中最有代表性的新古典二元经济模型便是托达罗模型和乔根森模型。

由于户籍等原因，我国长期以来存在着城乡二元分割，在一定程度上限制了劳动力的自由流动。而农业生产技术的发展和规模化耕作的普及，使得农村剩余劳动力的问题于近年来日益凸显。如果说农村剩余劳动力向非农业和城市转移，是二元经济发展的必然现象。长年来，由于城乡非均衡的社会保障制度，农民过多地依赖土地以期获得多种保障功能，无疑减缓了这一劳动力转移进程。而征地行为在一定程度上使农村劳动力被动地脱离了农业生产、失去了基本生活保障，这就为有关部门稳妥安置失地农民、解决其就业与生活等，提出了更为紧迫的要求，以充分保障他们的未来生活、免除其后顾之忧。

1.2.2.7 工具及方法理论

（1）德尔菲法

德尔菲是 Delphi 的中文译名。美国兰德公司在20世纪50年代与道格拉斯公司合作研究出有效、可靠地收集专家意见的方法，以"Delphi"命名，之后，该方法广泛地应用于商业、军事、教育、卫生保健等领域。德尔菲法在医学中的应用，最早开始于对护理工作的研究，并且在使用过程中显示了它的优越性和适用性，受到了越来越多研究者的青睐。

德尔菲法本质上是一种反馈匿名函询法。其大致流程是：在对所要预测的问题征得专家的意见之后,进行整理、归纳、统计,再匿名反馈给各专家,再次征求意见,再集中,再反馈,直至得到一致的意见。其过程可简单表示如下:

匿名征求专家意见—归纳、统计—匿名反馈—归纳、统计……若干轮后停止。

由此可见,德尔菲法是一种利用函询形式进行的集体匿名思想交流过程。它有3个明显区别于其他专家预测方法的特点,即匿名性、多次反馈、小组的统计回答。

因为采用这种方法时所有专家组成员不直接见面,只是通过函件交流,这样就可以消除权威的影响。这是该方法的主要特征。匿名是德尔菲法的极其重要的特点,从事预测的专家彼此互不知道其他有哪些人参加预测,他们是在完全匿名的情况下交流思想的。后来改进的德尔菲法允许专家开会进行专题讨论(图1.2)。

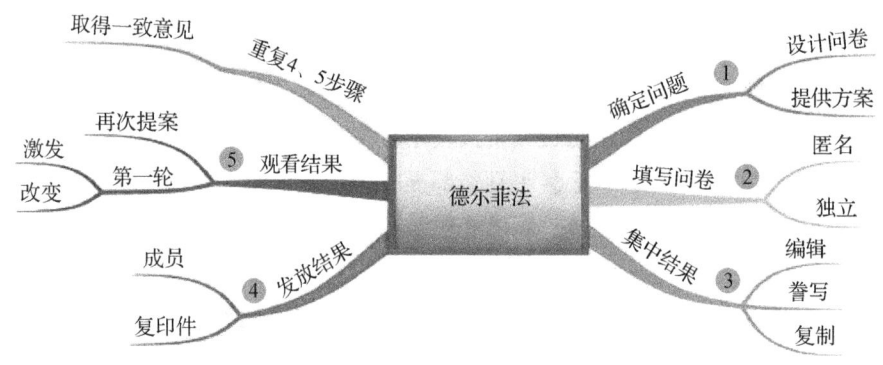

图1.2 德尔菲法的实施步骤

该方法需要经过3~4轮的信息反馈,在每次反馈中使调查组和专家组都可以进行深入研究,使得最终结果基本能够反映专家的基本想法和对信息的认识,所以结果较为客观、可信。小组成员的交流是通过回答组织者的问题来实现的,一般要经过若干轮反馈才能完成预测。

最典型的小组预测结果是反映多数人的观点,少数派的观点至多概括地提及一下,但是这并没有表示出小组的不同意见的状况。而统计回答却不是这样,它报告1个中位数和2个四分点,其中一半落在2个四分点之内,一半落在2个四分点之外。这样,每种观点都包括在这样的统计中,避免了专家会议法只反映多数人观点的缺点。

1）实施原则

一是挑选的专家应有一定的代表性、权威性。

二是在进行预测之前，首先应取得参加者的支持，确保他们能认真地进行每一次预测，以提高预测的有效性。同时也要向组织高层说明预测的意义和作用，取得决策层和其他高级管理人员的支持。

三是问题设计应该措辞准确，不能引起歧义，征询的问题一次不宜太多，不要问那些与预测目的无关的问题，列入征询的问题不应相互包含；所提的问题应是所有专家都能答复的问题，而且应尽可能保证所有专家都能从同一角度去理解。

四是进行统计分析时，应该区别对待不同的问题，对于不同专家的权威性应给予不同权数而不是一概而论。

五是提供给专家的信息应该尽可能的充分，以便其做出判断。

六是只要求专家做出粗略的数字估计，而不要求十分精确。

七是问题要集中，要有针对性，不要过分分散，以便使各个事件构成一个有机整体，问题要按等级排队，先简单后复杂；先综合后局部。这样易引起专家回答问题的兴趣。

八是调查单位或领导小组意见不应强加于调查意见之中，要防止出现诱导现象，避免专家意见向领导小组靠拢，以至于得出专家迎合领导小组观点的预测结果。

九是避免组合事件。如果一个事件包括专家同意的和专家不同意的两个方面，专家将难以做出回答。

2）实施步骤

第一步，确定调查题目，拟定调查提纲，准备向专家提供的资料（包括预测目的、期限、调查表及填写方法等）。

第二步，组成专家小组。按照课题所需要的知识范围，确定专家。专家人数的多少，可根据预测课题的大小和涉及面的宽窄而定，一般不超过20人。

第三步，向所有专家提出所要预测的问题及有关要求，并附上有关这个问题的所有背景材料，同时请专家提出还需要什么材料。然后，由专家做书面答复。由组织者发给专家的第一轮调查表是开放式的，不做任何限制，只提出预测问题，请专家围绕预测问题提出预测事件。因为如果限制太多，会漏掉一些重要事件。

组织者汇总整理专家调查表，归并同类事件，排除次要事件，用准确术语提出一个预测事件一览表，并作为第四步的调查表发给专家。

第四步，各个专家根据他们所收到的材料，提出自己的预测意见，并说明自己是怎样利用这些材料并提出预测值的。专家对第三步调查表所列的每个事件做出评价。例如，说明事件发生的时间、争论问题和事件或迟或早发生的理由。组织者统计处理第三步专家意见，整理出第三张调查表。第三张调查表包括事件、事件发生的中位数和上下四分点，以及事件发生时间在四分点外侧的理由。

第五步，将各位专家第一次判断意见汇总，列成图表，进行对比，再分发给各位专家，让专家比较自己同他人的不同意见，修改自己的意见和判断。也可以把各位专家的意见加以整理，或请身份更高的其他专家加以评论，然后把这些意见再分送给各位专家，以便他们参考后修改自己的意见。

第六步，将所有专家的修改意见收集起来，汇总，再次分发给各位专家，以便做第二次修改。逐轮收集意见并为专家反馈信息是德尔菲法的主要环节。收集意见和信息反馈一般要经过三四轮。在向专家进行反馈的时候，只给出各种意见，但并不说明发表各种意见的专家的具体姓名。这一过程重复进行，直到每一个专家不再改变自己的意见为止。

第七步，对专家的意见进行综合处理。

值得注意的是，并不是所有被预测的事件都要经过七步。有的事件可能在第四步就达到统一，而不必在第五步中出现；有的事件可能在第六步结束后，专家对各事件的预测也不一定都是达到统一。不统一也可以用中位数与上下四分点来作为结论。事实上，总会有许多事件的预测结果是不统一。必须通过匿名和函询的方式，要做好意见甄别和判断工作。为专家提供充分的信息，使其有足够的根据做出判断。例如，为专家提供所收集的有关企业人员安排及经营趋势的历史资料和统计分析结果等。所提问的问题应是专家能够回答的问题。允许专家粗略的估计数字，不要求精确。但可以要求专家说明预计数字的准确程度。尽可能将过程简化，不问与预测无关的问题。保证所有专家能够从同一角度去理解员工分类和其他有关定义。向专家讲明预测对企业和下属单位的意义，以争取他们对德尔菲法的支持。

在德尔菲法的实施过程中，始终有两方面的人在活动：一是预测的组织者，二是被选出来的专家。

首先应注意的是德尔菲法中的调查表与通常的调查表有所不同，它除了有通常调查表向被调查者提出问题并要求回答的内容外，还兼有向被调查者提供信息的责任，它是专家们交流思想的工具。德尔菲法的工作流程大致可以分为4个步骤，在每一步中，组织者与专家都有各自不同的任务。

3）德尔菲法的优缺点

德尔菲法同常见的召集专家开会、通过集体讨论、得出一致预测意见的专家会议法既有联系又有区别。德尔菲法能发挥专家会议法的优点，即能充分发挥各位专家的作用，集思广益，准确性高；能把各位专家意见的分歧点表达出来，取各家之长，避各家之短。

同时，德尔菲法又能避免专家会议法的缺点：权威人士的意见影响他人的意见；有些专家碍于情面，不愿意发表与其他人不同的意见；出于自尊心而不愿意修改自己原来不全面的意见；缺少思想沟通交流，可能存在一定的主观片面性；易忽视少数人的意见，可能导致预测的结果偏离实际；存在组织者主观影响。①

（2）层次分析法

层次分析法，简称AHP，是指将与决策总是有关的元素分解成目标、准则、方案等层次，在此基础之上进行定性和定量分析的决策方法。该方法是美国运筹学家匹茨堡大学教授萨蒂于20世纪70年代初，在为美国国防部研究"根据各个工业部门对国家福利的贡献大小而进行电力分配"课题时，应用网络系统理论和多目标综合评价方法，提出的一种层次权重决策分析方法。

层次分析法是指将一个复杂的多目标决策问题作为一个系统，将目标分解为多个目标或准则，进而分解为多指标（或准则、约束）的若干层次，通过定性指标模糊量化方法算出层次单排序（权数）和总排序，以作为目标（多指标）、多方案优化决策的系统方法。

1）基本原理

层次分析法根据问题的性质和要达到的总目标，将问题分解为不同的组成因素，并按照因素间的相互关联影响及隶属关系将因素按不同层次聚集组合，形成一个多层次的分析结构模型，从而最终使问题归结为最低层（供决策的方案、措施等）相对于最高层（总目标）的相对重要权值的确定或

---

① 徐蔼婷. 德尔菲法的应用及其难点 [J]. 中国统计，2006（9）：1-4.

相对优劣次序的排定。

层次分析法是将决策问题按总目标、各层子目标、评价准则直至具体的备投方案的顺序分解为不同的层次结构，然后用求解判断矩阵特征向量的办法，求得每一层次的各元素对上一层次某元素的优先权重，最后再利用加权方法求得各个备择方案对总目标的最终权重，此最终权重最大者即为最优方案。

层次分析法比较适合于具有分层交错评价指标的目标系统，而且目标值又难于定量描述的决策问题。

2）步骤

第一步，建立层次结构模型。

将决策的目标、考虑的因素（决策准则）和决策对象按它们之间的相互关系分为最高层、中间层和最低层，绘出层次结构图。最高层是指决策的目的、要解决的问题。最低层是指决策时的备选方案。中间层是指考虑的因素、决策的准则。对于相邻的两层，称高层为目标层，低层为因素层。

第二步，构造判断（成对比较）矩阵。

在确定各层次各因素之间的权重时，如果只是定性的结果，则常常不容易被别人接受，因而 Santy 等人提出一致矩阵法，即不把所有因素放在一起比较，而是两两相互比较，对此时采用相对尺度，以尽可能减少性质不同的诸因素相互比较的困难，以提高准确度。如对某一准则，对其下的各方案进行两两对比，并按其重要性程度评定等级。a_{ij} 为要素 i 与要素 j 重要性比较结果，表 1.2 列出 Saaty 给出的 9 个重要性等级及其赋值。按两两比较结果构成的矩阵称作判断矩阵。判断矩阵具有如下性质：

$$a_{ij} = \frac{1}{a_{ji}}$$

判断矩阵元素 a_{ij} 的标度方法见表 1.2。

第三步，层次单排序及其一致性检验。

对应于判断矩阵最大特征根 λ_{max} 的特征向量，经归一化使向量中各元素之和等于 1 后记为 W。W 的元素为同一层次因素对于上一层次因素某因素相对重要性的排序权值，这一过程称为层次单排序。能否确认层次单排序，则需要进行一致性检验，所谓一致性检验是指对 A 确定不一致的允许范围。其中，n 阶一致矩阵的唯一非零特征根为 n；n 阶正互反阵 A 的最大特征根 $\lambda_{max} \geq n$，当且仅当 $\lambda_{max} = n$ 时，A 为一致矩阵。

表 1.2 标度含义

标度	含义
1	表示两个因素相比，具有相同重要性
3	表示两个因素相比，前者比后者稍重要
5	表示两个因素相比，前者比后者明显重要
7	表示两个因素相比，前者比后者强烈重要
9	表示两个因素相比，前者比后者极端重要
2, 4, 6, 8	表示上述相邻判断的中间值
倒数	若因素 i 与因素 j 的重要性之比为 a_{ij}，那么因素 j 与因素 i 重要性之比为 $a_{ji}\left(a_{ji}=\dfrac{1}{a_{ij}}\right)$

第四步，层次总排序及其一致性检验。

计算某一层次所有因素对于最高层（总目标）相对重要性的权值，称为层次总排序。这一过程是从最高层次到最低层次依次进行的。

1.3 研究的思路和方法

1.3.1 研究的思路和技术路线

（1）研究的思路

本书首先由安阳高新区失地农民就业基本状况着手，对失地农民就业状况和就业存在问题进行了描述性分析，指出问题村子产生的不良后果。在前述分析的基础上对造成安阳高新区失地农民就业难的影响因素运用定性和定量相结合的方法展开分析，进而在就业理论和人力资本理论的基础上，通过对政府就业政策制度、失地农民自身因素及经济因素进行了综合分析，分析了政府制度政策、失地农民素质及经济环境对我国失地农民就业的影响，在此基础上，提出了解决失地农民就业的对策建议。

研究的前提假设：

①失地农民自身综合素质对其就业有着显著影响；

②政府的就业政策及相关制度安排对失地农民就业起制约的作用。

（2）研究的技术路线

本书研究的技术路线见图1.3。

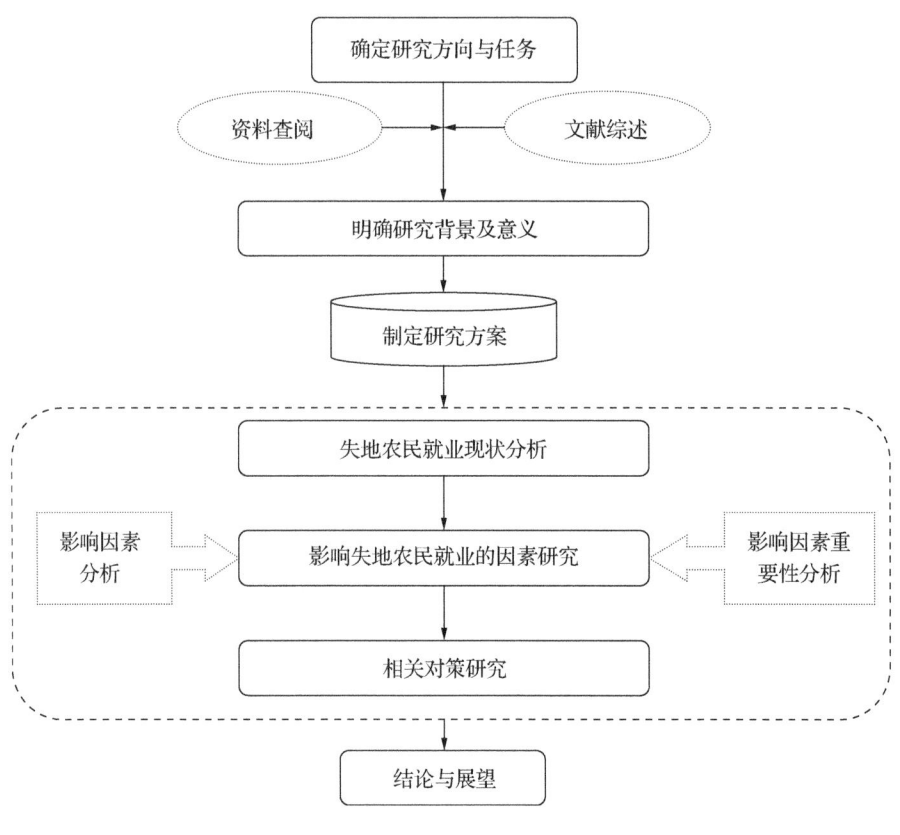

图1.3 技术路线

1.3.2 研究的基本方法

（1）文献法

本书使用文献法，主要是从政府及有关村委会收集关于安阳高新区失地农民的资料，这些资料主要包括政府征地文件、土地征用政策制度、补偿标准、土地补偿款的分配及土地附着物的补偿等相关文件。文中所用的数据，部分来自政府部门文件，有些也参考了新闻单位对高新区建设采访后所报道的相关文章。

（2）实地观察访谈法

实地观察高新区失地农民现在的生活、工作状况，以便更好地了解情况和进行客观的描述。同时，把实地观察法与失地农民的访谈结合进行，先对被征地的村庄实地考察，然后再对村民进行访谈，主要是对征地前后与就业有关问题访谈，获得了大量的第一手资料。本研究涉及的访谈对象主要包括：第一，安阳高新区主管征地工作的副主任及有关工作人员；第二，高新区几个失地行政村的村委会成员；第三，部分失地农民。通过对他们的访谈，了解他们对城市化的态度、意见及土地补偿款的用途等。访谈的主要问题包括：对征地的态度和意愿，是否有知情权、参与权和决定权，征地补偿款的分配和使用情况，失地前后的生活情况、就业情况，对目前状况的满意度等。对被拆迁的村庄，又加上了以下几个问题：对房屋拆迁和住房安置的态度、拆迁安置过程中出现的问题。

（3）定性和定量法

本书第三章对安阳高新区失地农民就业问题的影响因素，运用德尔菲法和层次分析法相结合的定性和定量分析方法，构建了安阳高新区失地农民就业影响因素重要性分析体系，从3个层面10个指标分析了这些影响因素的相对重要性系数（权重）。

1.3.3　相关概念界定

本书在研究中一些概念界定如下。

（1）城市化

城市化这个词是从英语"urbanization"翻译过来的，是世界各国经济社会发展的共同现象，是指社会生产力的变革所引起的人类生产方式、生活方式、居住方式和社会结构的一种变化，是人口由乡村向城市地带集中的现象或过程，城市化伴随着人口的迁徙和流动，也预示着产业结构的重大调整和变革，既是生产力发展到一定阶段的产物，也是社会物质财富积聚的过程。

城市化是由第一产业农业为主的传统乡村社会向以第二产业工业和第三产业服务业为主的现代城市社会逐渐演变的社会历史活动过程。城市化，也有的学者称为城镇化、都市化。城市化的本质含义是指人类进入工业社会时代，社会经济发展速度加快，农业活动的比重逐步下降、非农业活动的比重逐渐上升的社会经济活动过程。与这种社会经济结构的变动相适应，农村人口比重逐渐降低，城镇人口比重逐步上升，城郊和农村居民点的物质面貌和人们的生活方式逐步向城镇性质转化和强化的历史过程。各国城市化进程的速度和表现形式不尽相同，但作为一般的城市化进程的表现具有特征性：城市人口的比重不断上升，农业人口的比重不断下降；产业结构方面，农业占国民生产总值的比重绝对下降，工业、服务业和其他行业的比重逐步提高；城市化水平与人均国民生产总值的增长成正比；城市化水平，不仅是建立在二、三产业发展的基础上，也是农业现代化的结果。

（2）失地农民

失地农民的定义，从失地原因来看，大致有3种类型：①国家征用的被动失地；②乡镇企业用地流转中隐性失地；③土地荒漠化导致的失地。从其内容来看，失地农民是城市化导致失去土地的农民。陈建明认为所谓失地农民，就是指因非农业建设（农村村民建住宅用地除外）需要占用土地而丧失土地耕种份额的农民。

本书所指的失地农民是指城市化进程中，随着城市的建设和扩展，基于城市建设用地的需要，失去土地及与之相关的一系列权利后，不能够继续从事农业生产的农民。他们不得不从事非农业生产，没有持续稳定性就业和社会保障，并未转化为完全城镇居民，并享受城镇待遇的农民。

（3）就业和失业

就业和失业是反映某个国家或地区劳动力市场状况的最主要的两个指标，同时也是反映经济和社会发展状况的重要指标。国际劳工组织第13届国际劳工统计大会《关于经济活动人口、就业、失业及不充分就业统计的决议》中，对"就业"和"失业"的概念做出了科学完整的界定。

劳动"就业"和"失业"是劳动力资源处于被利用或被赋闲的两种状态。无论是就业还是失业，都存在一个被利用或被赋闲的程度问题，因而"就业"和"失业"都需要进行进一步细分。

根据国际劳工组织的定义，就业是指在一定年龄阶段内人们所从事的为获取报酬或为赚取利润进行的活动；失业是相对于就业而言的，如果劳动者达到或超过某一特定年龄，并且在某一特定时间内符合以下3个条件的，即为失业人口：①没有工作，即没有受雇或自我雇佣；②目前可以工作，即根据某些条件，在特定时间内有获得受雇或自我雇佣的机会；③正在寻找工作，即在最近某一特定时期内通过登记申请等特定方式正在寻找受雇或自我雇佣的机会。也就是在劳动年龄内，有劳动能力，并有求职要求和愿望的劳动者找不到工作岗位的现象。

根据我国《劳动法》定义，就业指在法定劳动年龄内，从事一定的社会经济活动，并取得合法劳动报酬或经营收入。

失业类型主要包括：①16岁以上各类学校毕业或肄业的学生中，初次寻找工作的人员；②企业宣布破产后尚未找到工作的人员；③被企业终止、解除合同或辞退后，尚未找到工作的人员；④辞去原单位工作后，尚未找到工作的人员；⑤符合失业定义的其他人员。

就业保障是指国家通过立法，采取各种措施和途径，为在法定年龄之内具有一定劳动能力又要求就业的劳动者，提供平等、充分的就业机会，保证从业者的劳动权益得到充分实现，对失业者提供最基本的物质保障和再就业服务的保障制度。就业保障的目标就是最大限度地开发人力资源，促进就业增长，实现充分就业。就业保障主要包括几个方面：①失业保障，包括失业保险、失业津贴、失业救济和失业补偿等，保障失业者的基本生活，以利于实现再就业；②就业保护，即就业过程中的劳动权益保障，实现有保障的就业；③就业服务，包括就业前的就业指导、就业培训及就业信息服务等。

1.4 创新之处

通过对安阳高新区失地农民就业影响因素的分析，构建了3个层面10个指标的相对重要性分析体系。运用定性和定量分析法确定了制度因素、失地农民自身因素和经济因素3个准则层面的相对权重系数，进而区分了这些影响因素的相对重要程度。

在失地农民就业影响因素重要性分析的基础上，本书提出了解决安阳高新区失地农民就业问题的针对性对策建议，主要包括安阳高新区政府要确立"就业优先"的政策制度目标、提高失地农民技能水平、创新保障失地农民就业的长效机制等。

第二章　安阳高新区失地农民就业状况及存在问题

安阳高新技术产业开发区位于安阳市区南部，地处文峰区和龙安区交界处，北部紧邻安阳市中心市区，安林高速公路从区内南部东西穿越，107国道从区内西部南北贯穿，国家工程南水北调从域内西部流经魏家营和牛房村。安阳高新技术产业开发区成立于1992年8月4日，1995年3月5日被省政府批准为省级高新区，2010年9月26日被国务院批准为国家级高新区。规划面积5.26平方千米，辐射面积30.1平方千米。2018年，全区规模以上工业累计完成工业增加值同比增长30.1%；高新技术产业增加值增长21.88%；财政一般公共预算收入同比增长11%。

近年来，安阳高新区按照科技部的功能定位，以高质量发展为根本要求，以加快转型发展为主线，坚定"一个晋升、四个重大"奋斗目标，狠抓"一大中心、两大基地"发展载体建设。围绕打造全市科技研发孵化中心，深入实施创新驱动发展战略，加快建设国家创新型特色园区，积极对接融入郑洛新国家自主创新示范区，搭科研平台、建院所分支、招领军人才，先后引进建成了华中数控安阳分中心、北清科技（安阳）创新研究院、海纳生物医药孵化器、安阳高新区中科海洋能源产业技术研究院、火炬研发园、安阳综合检测基地等一批科技创新孵化平台。围绕新能源环保装备制造产业，以金风科技、中车永电、艾尔旺环保、豫新太阳能、斯普机械海洋能等为龙头，努力打造新能源环保装备制造基地；围绕新材料产业，以安钢冷轧、立德硅钢、合力创科等为龙头，努力打造新型材料生产基地。先后荣获国家级显示器件产业园、中国产学研合作示范基地、全省首批创新型示范产业集聚区、省级知名品牌示范产业集聚区、全省电子商务综合产业园区和全省首批专利导航产业发展实验区等荣誉称号。建区以来，在全省11家高新区中，主要经济指标综合增长率排名第一；在全省9家省级高新区中，经济总实力及财政一般预算收入排名第一。安阳高新区已建成国家级电子信息产业园、国家级创业服务中心和国家级生产力促进中心示范中心，是安阳市主

第二章 安阳高新区失地农民就业状况及存在问题

要的工业聚集区和工业支柱园区。被河南省政府确定为省级循环经济试点园区，河南省最佳投资园区。安阳高新区入住的企业科技研发中心已有15家，其中，国家级重点实验室1家、省级科技研发中心5家、省级工程技术中心1家。

安阳高新技术产业开发区总面积3066.82公顷，辖19个行政村，2014年开发区耕地598.04公顷，常住人口8.47万人。2014年全区农用地（耕地、园地、林地和其他农用地）面积为428.34公顷，占全区土地总面积的13.13%。其中耕地402.69公顷，占全区土地总面积的13.13%；园地1.37公顷，占全区土地总面积的0.04%；其他农用地24.28公顷，占全区土地总面积的0.79%。2014年全区建设用地（包括城乡建设用地、交通水利用地和其他建设用地）面积为2573.59公顷，占全区土地总面积的83.92%。其中城乡建设用地2156.26公顷，占全区土地总面积的70.31%。交通水利用地及其他建设用地417.33公顷，占全区土地总面积的13.61%。2014年全区其他土地面积64.91公顷，占全区土地总面积的2.12%。其中，水域面积64.47公顷，占全区土地总面积的2.10%；自然保留地面积0.44公顷，占全区土地总面积0.01%。具体情况见附表。

安阳市开发区紧邻安阳市中心，地理位置优越，交通便利，地势平坦，气候适宜，是安阳市主要的经济产业园区，主要承接安阳市的各类产业任务，随着安阳市中心城市向南发展，规划期内域内土地将全部纳入中心城市。以安阳高新区许吴村、郭吴村和后营村作为问卷调查的研究对象进行研究。笔者在安阳高新区的许吴村、郭吴村、后营村3个行政村中失地农民的就业情况进行调查，此次调查为失地农民就业问题研究，问卷针对失地农民的劳动就业状况设计问题。样本选取为在就业年龄阶段内的失地农民，也就是男15~59周岁、女15~54周岁的失地农民。共发放调查有效问卷151份，因此，有效样本总数为151个。其中，男性样本为91个，占总有效样本的60%；女性样本60个，占总有效样本的40%。从被调查者的学历状况来看，小学以下的占9.3%（14个），小学学历的占23.8%（36个），初中学历的占34.4%（52个），高中学历的占17.9%（27个），受过高等教育的占14.6%（22个）。

2.1 失地农民基本状况

随着安阳高新区快速发展，征地规模日渐增大，失地农民越来越多。截至 2017 年年底，安阳高新区共有失地农民 39 800 人，被征地 95 000 亩。其中劳动力 31 000 人，男性约 18 000 人，女性约 13 000 人。许吴村人口 760 人，原有耕地 1005 亩，人均耕地 1.3 亩；郭吴村人口 1212 人，原有耕地 1450 亩，人均耕地 1.2 亩；后营村人口 302 人，原有耕地 420.5 亩，人均耕地 1.4 亩。[①] 自从 20 世纪 90 年代末期以来，随着安阳高新区招商引资的力度加大，城市经济向外围的扩展，各类企业纷纷入驻高新区，耕地被征用的数量急剧增加。截至 2007 年年底，许吴村、郭吴村、后营村的耕地已经全部被征用，村民已经成为名副其实的失地农民。而作为失地农民他们的就业情况又是怎样的呢？

许吴村、郭吴村、后营村实行农村低保制度，对于年满 40 岁以上的村民每人每年给予 60 元的生活补助，年满 50 岁以上的村民每人每年给予 80 元的生活补助。被征地农户中，男 60 周岁、女 55 周岁以上老人，安阳高新区每人每年补助 960 元；女 45 岁以上、男 50 岁以上每人每年 600 元生活补贴，对满 30 年党龄的老党员，每人每年补助 600 元。许吴村村集体在高新区的支持下把土地补偿款除支付给农民外，其余的集中起来建设标准厂房，先后建设了旺旺 2 期、3 期、4 期工程和创业中心办公楼。每年租赁收入就达 500 万元，人均收入可达 6000 余元。2017 年许吴村村民每人发放现金 3000 元，以后每年发放现金逐年增加。后营村抓住紧邻安阳师范学院的良好发展机遇，以租赁业为龙头，带动第三产业全面发展。租赁业和服务业，收入达 600 万元，村里人均增收 3500 元以上。2017 年村里福利补助每人在 2500 元以上。郭吴村因为征地较早，租赁业、服务业较少，每年收入不足 50 万元，加之人口多，福利补助较低。[①] 在调查当中我们发现，失地农民最担心的就是就业问题，大多数的失地农民对自己的就业没有信心，对就业形势也不看好，就业率很低，很多人认为失去土地后自己的生活来源失去保障，当务之急就是要实现就业、找到工作。

---

① 数据来源：调查访谈数据的整理结果。

2.2 失地农民就业状况

2.2.1 失地农民就业的稳定性

失地农民在失地之前，他们主要从事农业生产，缺少非农专业技能，调查显示，有25%的受访者没有任何技能。因为缺少专业技能，失地农民转业十分困难。有的受访者要么没有工作，要么即使有工作，也是从事清洁、保卫、服务等稳定性较差的工作。征地前后的职业分布发生了较明显的变化，其中，务农人数原先77人（占51%），征地后无人务农；在单位上班的由原先的27人（占18%）上升为62人（占41%）；经商由原先的21人（占14%）上升为32人（占21%）；无业的由原先的17人（占11%）上升为44人（占29%）；从事其他职业由原先的9人（占6%）上升为13人（占9%）。具体变化见图2.1。也就是说，征地使务农农民转而从事其他行业，促使农民由从事农业生产向非农产业方向转变，伴随着农民"非农化"的发展，失地农民的生产和生活方式发生了巨大转变，在此过程中，失地农民有一个从不适应到逐渐适应的过程，转变过程中的曲折和问题是在所难免的，而正确的认识和理性的处理措施是我们包括失地农民自己在内的每一个人所应该去认真思考的。因为征地使得无业人员数量大幅上升，使无业失地农民生活水平得不到保障，也成为社会不稳定的一个重要影响因素。如何保障失地农民就业，解决其基本生活需要，维护社会的稳定，是我们必须认真面对的现实难题。

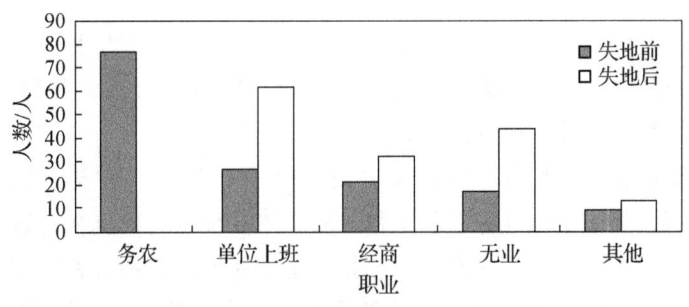

图2.1　土地征用前后职业变化

经过调查分析,安阳高新区失地农民的就业方向大致如下。

首先主要是在本地或外出务工。在本地务工主要是在企业事业单位应聘临时性、技术含量较低的工作,而在外地主要是跑运输、干装修、摆地摊等短期的临时性工作。这些工作是大多数失地农民选择的就业方式,但是这种工作方式比较容易受季节性或者劳动力市场需求等因素的影响,使他们就业不稳定或者直接造成失业。而且,由于外地人员的大量涌入,给当地居民的生活带来了一定影响,他们又往往是受排斥、受歧视的对象,对就业产生不良影响,失业情况随时都可能出现。

其次是自谋职业,在本地从事个体经营。这种工作看似稳定,政府也给予一定的优惠政策,但是这类工作要求失地农民具有自主创业、自谋职业的勇气及灵活的经营头脑、技能与资金支持,就业不具有普遍性。而自谋职业的风险性也预示他们有随时失业的危险。所以,不论是在本地务工、外出打工还是从事个体经营,由于先天的就业劣势使得他们就业的不稳定性相对于其他高素质的就业群体大幅增加。

2.2.2 失地农民就业方式和途径

调查中我们了解到,安阳高新区对于失地农民实行以货币安置为主、以招工安置和留地安置为辅的安置方式。被调查失地农民中,货币安置的失地农民共得到补偿费(包括土地补偿费、安置补助费、青苗补偿地面附着物)平均每亩1.7万元。招工安置:安阳高新区每年拿出资金对失地农民进行就业培训,征地单位优先录用失地农民。留地安置:被调查的失地村庄利用留地方式,建设标准厂房和自有商品房,安排失地农民就业或者鼓励他们自主创业。

对失地农民的安置手段较为单一,主要以货币安置为主,其比例高达76.4%(115人)。其次是招工安置,占16.5%(25人),而留地安置占7.1%(11人)。具体情况见图2.2。

从安阳高新区失地农民的就业途径来看(表2.1),亲友介绍工作的比例相对较高,其次是征地安置和单位招聘,中介机构的比例相对较少,这说明了失地农民寻找工作的主动性不明显,也表明他们利用各种媒体获取工作的意识不强。在调查中,被问"为什么不去中介机构找工作"时,有15%的人认为中介机构收钱多,有20%的人不知道中介机构在哪里,还有25%的人认为找好工作主要靠关系,中介机构没有什么好工作。这些情况也说明

第二章 安阳高新区失地农民就业状况及存在问题

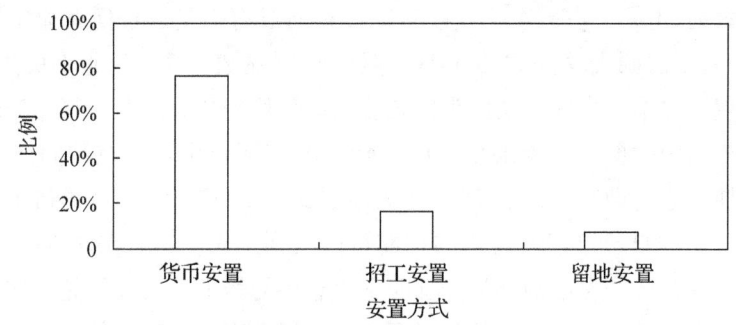

图 2.2 失地农民安置方式及其所占比例情况

了,安阳高新区失地农民在失去土地以后,还不能完全适应就业环境的变化,对于自身的认识不足,对于就业市场的信息重要性认识不到位,不能充分利用各种现有社会人际关系、信息资源、广告媒体和中介机构来综合利用自己就业的机会和条件。而在安阳高新区失地农民就业的方式和途径调查中,我们发现,作为直接责任主体的高新区政府部门对于失地农民就业的基本状况不是特别清楚,这就造成了失地农民不仅在先天条件上存在劣势,也造成他们不能充分地利用政府需要和应该给予的扶持和帮助环境。

表 2.1 失地农民获得就业的主要途径

就业途径	数量/人	比例
征地安置	21	20%
亲友介绍	24	22%
单位招聘	21	20%
中介机构	18	17%
其他	23	21%

数据来源:调查整理所得,以下图表数据如无特殊说明均来源于此。

2.2.3 失地农民就业培训的情况

就业培训是保障安阳高新区失地农民就业的根本措施,也是失地农民实现就业的前提条件。就业培训的体系建设、实施情况、效果评估直接关系着就业培训的最终成果。根据我们的调查,征地后,安阳高新区失地农民接受过一次就业培训的人数为 44 人,占调查总人数的 29%;接受过两次以上培训的人数为 31 人，占调查总人数的 21%；而没有接受过任何就业培训的人数为 76 人，占调查总人数的 50%。具体情况见表 2.2。就业是民生之本，培训是就业之本，失地农民作为由农业人口转移到非农产业，其培训的重要性就显得尤为重要，而参加培训的实际情况却不容乐观。在被问"为什么没有参加就业培训"时，有 60% 的失地农民认为技能培训起不到作用，有 21% 的人认为自己已经有足够的技能可以找到工作，还有 19% 的人认为培训费用还要再增加自己额外的开支而不愿意接受培训。由此可见，在失地农民就业培训方面，就业培训的效果不仅取决于政府扶持和引导，还受到失地农民自身认识和参与积极性的影响。

表 2.2 失地农民就业培训情况

培训情况	人数/人	比例
培训一次	44	29%
培训两次以上	31	21%
没有培训	76	50%

安阳高新区财政每年拿出 30 万元培训失地农民。2005 年，先后培训焊工、绣工、钳工、厨师、汽车、驾驶员等 500 余人。2006 年，共举办焊工、钳工、电工、厨师、汽车驾驶员培训班 5 期，培训 309 人。[①] 但是这对于有 21 000 个失地农民的安阳高新区来说是杯水车薪。此外，在访谈到培训的针对性和效果问题时，安阳高新区社会事业局的负责人认为培训是批量、大众的培训，没有涉及哪个企业或某些个人的有针对性的培训，培训后的效果考评主要是依靠开卷考试的方式进行。

2.2.4 失地农民参加失业保险的情况

保险是社会的稳定器和安全网。失地农民就业问题的解决，一方面有赖于政府失地农民、其他社会组织的共同参与；另一方面，在他们不能就业的情况下，提供基本的生活保障，从某种程度上说可能更能体现一个社会的发展和进步程度，失业保险就是保障失地农民在不能就业的情况下保障他们基本生活的一个很重要的制度措施。

---

① 来自安阳高新技术产业开发区的报告，http://www.114news.com/build/13/n-117913.html。

接受调查的安阳高新区失地农民参加失业保险的人数较少，总计28人，而这其中又主要以单位上班的人员为主，达到21人；经商、无业和其他人员合计才7人；而没有参加失业保险的人数达到了123人（表2.3）。保险是社会的稳定器和安全网，而失业保险对于保障失地农民的基本生活有着不可忽视的作用，尤其是对于无业人员来说，失业保险关系着他们的基本生活水平能不能得到保障的问题。

表2.3 失地农民参加保险情况

工作单位	有失业保险/人	无失业保险/人
单位上班	21	41
经商	4	28
无业	0	44
其他	3	10

在我们的调查当中，得知安阳高新区政府在征地中，以一次性货币补偿为主，以招工安置为辅，从正式制度规定来看，失地农民没有养老保险和失业保险。仅有农村最低生活保障，而农村最低生活保障范围小、水平低，根本不能保障多数人的基本生活。这也就决定了失地农民在失去土地以后，达到退休年龄的失地农民没有退休养老金，劳动年龄阶段的失地农民如果不能就业，因为没有失业保险，也就失去了基本的生活保障。在我们的调查当中得知，实现就业的失地农民当中，有一部分参加了所在单位的养老保险和失业保险，而另外一部分所在单位却没有给任何保险。

2.3 失地农民就业存在的问题

2.3.1 失地农民失业比例较高

就业是保障生活的前提条件，而失业是导致生活水平下降的一个非常重要和普遍的原因，尤其是在社会保障水平并不高的中国中西部不发达地区，就业对于失地农民生活水平的维持和提高具有更为重要的意义。安阳高新区失地农民调查样本151人中无业人员为44人（占29%），与其他群体相比较，其失业率比较高。失地农民就业问题严重影响失地农民的生活，也是影响当地社会稳定和谐的重要因素。根据我们的调查显示,有21%的失地农民在失去土地后感觉生活水平明显下降了,有13%的人感觉生活水平略有下降,二者合计下降的比例高达34%。安阳高新区地处我国中部,城市化水平低,经济水平不高,土地是农民收入的主要来源,失地农民失去土地对其生活影响较大。

2.3.2 失地农民自身素质较低

(1) 失地农民缺少专业技能

技能是就业的保障,而技能的高低在很大程度上决定着失地农民收入水平的高低。失地农民缺少非农产业技能,使得他们在失去土地后转移到第二产业和第三产业产生了很大的困难。我们的调查显示,在安阳高新区不具备任何专业技能的失地农民比例达到了25%。在具备专业技能的失地农民中,相当一部分人的专业技能并不是很突出,例如,有7%的失地农民认为自己具有绿化专业技能,有5%的失地农民认为自己有家政服务方面的专业技能。具体见表2.4。

表2.4 失地农民具备的专业技能

具备专业技能	数量/人	比例
无	38	25%
摩托车、汽车修理	8	5%
绿化	10	7%
水电技术	9	6%
木工	12	8%
家政服务	8	5%
电焊	14	9%
瓦工	23	16%
电脑打字	6	4%
烹饪	9	6%
其他	14	9%
合计	151	100%

第二章 安阳高新区失地农民就业状况及存在问题

我们在安阳高新区的调查中了解到，在找工作的过程中，有15%的失地农民认为自己的困难主要原因是年龄偏大，而有49%的失地农民认为自己的主要困难在于缺少专业技能，有20%的失地农民感觉自己的最大困难是学历偏低，有16%的失地农民面临的最大问题是缺乏信息，而其中认为缺乏技能是求职过程中遇到最大困难的人数有89人，占到所有受访者的49%，接近一半是比例最高的。具体见表2.5。

表2.5 失地农民求职过程中遇到的困难

原因	人数/人	比例
缺乏技能	74	49%
年龄大	23	15%
学历偏低	30	20%
缺乏信息	24	16%
总计	151	100%

（2）失地农民的思想观念状况

思想观念决定行动，失地农民的就业思想观念直接决定了他们愿意从事什么样的工作，他们怎样去从事工作。在安阳高新区的调查中，我们发现有50%失地农民认为，自己的土地是国家拿走的，自己的生活没有了依靠，国家应该解决自己的生活问题；此外，有36%的失地农民认为要找大企业、正规单位工作，不愿意到私营企业和个体企业去工作，对于自己创业也有畏惧心理；另外，调查得知，42%的失地农民认为不能适应当前市场经济模式下自己找工作的方式，因为以前都是别人找自己干活，如果没有工作就在家里务农，基本生活有保障，没有找工作的压力，现在失去土地，没有了基本生活的依赖，心里不踏实，害怕到外边找工作，也不知道将来如何生存。这不仅使他们存在"等、靠、要"的思想，也使他们缺少了市场经济的竞争意识，从而使他们在市场经济的双向选择就业模式中处于被动地位。

（3）失地农民的教育水平状况

教育水平从来就是一个人最重要的综合素质的体现，同时也是就业能力和水平的重要反映。教育水平高就业就相对面广而且容易，教育水平低其就业的范围和层次也会受到局限。这一点在我们的调查中得到了体现，由于农村教育的普及工作做得还不是很到位，失地农民文化教育水平普遍较低。教育水平在初中以下的失地农民占到了 67.5%,达到高中和大学教育水平的比例为 32.5%。具体见表 2.6。

表 2.6 失地农民的教育水平状况

学历	人数/人	比例
小学以下	14	9.3%
小学	36	23.8%
初中	52	34.4%
高中	27	17.9%
大学	22	14.6%

(4) 失地农民的性别结构

性别结构对于就业的影响在不同的地区和社会发展的不同阶段有着不同的影响,这种现象的发生既是社会发展的客观反映,也是社会发展过程中存在不公平和歧视的体现。尤其对于尚处于不发达阶段的发展中国家,性别对于就业的影响是相对显著的。在调查范围内,劳动年龄阶段内的失地农民总共 151 人,无业人员 44 人,实现再就业的有 107 人,其中,男性 64 人,女性 43 人。男性再就业人数占男性劳动适龄人口的比例为 95%,而女性的这一比例仅为 35%。在调查中被问"性别是否影响就业"的问题时,60% 的男性认为男性比女性更容易找到工作,80% 的女性有同样的看法。由此可见,性别因素对就业问题有直接影响,也体现了当前就业的性别歧视问题。具体见表 2.7。

表 2.7 就业失地农民的性别结构

性别	数量/人	比例
男	86	80%
女	21	20%
合计	107	100%

2.3.3 就业安置方式单一

我们在安阳高新区失地农民的调查中了解到,失地农民就业的安置方式,以货币安置为主,以其他安置方式为辅。受访问的失地农民中货币安置的人数为 115 人,比例高达 76.5%;其次是招工安置 25 人,比例为

16.5%；而留地安置11人，只占总数的7.1%。

1999年颁布实施的《中华人民共和国土地管理法实施条例》中对失地农民的安置主要采取以下3种途径。

一是由失地农民所在农村集体经济组织负责安置的方式，即把征地款付给当地集体经济组织，由农村集体经济组织管理和使用，让其妥善安置失地农民。

二是传统的"以土地换就业"，由其他单位或征地单位安置失地农民就业。

三是对失地农民进行一次性货币补偿的安置方式。货币补偿安置方式，就中国目前来讲，因为是一次性补偿能暂时解决失地农民的生活问题，但是，由于受到理财能力和补偿费偏低的限制，这一安置方式抗风险能力差，不能解决失地农民的长远生计。这是造成当前失地农民自愿性不就业的主要影响因素。

2.3.4 结构性失业突出

结构性失业是指由于经济结构的变动，劳动力供给和需求在职业、技能、产业、地区分布等方面的不适应所引起的失业。其显著特点是岗位空缺与失业并存，一方面存在着大量失业劳动者；另一方面，一些新行业的工作岗位空缺，找不到适合的劳动者。结构性失业并不是劳动力需求不足，其根本原因在于劳动力的供给结构不能适应劳动力需求结构的变动，是由于一段时期内劳动力难以改变的技术结构、地区结构、职业结构不能适应经济结构的变动。失地农民的结构性失业表现在，企业招聘不到合适的管理和技术员工，而失地农民赋闲在家，没有必要的技能应聘这些岗位。尤其是一些35岁以上大龄失地农民，就业更为困难。

在安阳高新区调查中得知，处于安阳高新区的河南瑞麦食品有限公司，2007年技术人员的需求为200人，但在当地能够招聘到的不足150人。[①] 而安阳高新区失地农民，赋闲在家的人员，多为没有技术的或者是专业技能不符合用工单位要求的人员。而安阳高新区结构性失业存在问题严重的原因是复杂的，但主要原因是失地农民的自身综合素质不能适应经济的发展，其次是经济结构的不合理，再次是制度原因造成的结构性失业。

---

① 数据来源：河南瑞麦食品有限公司人事部。

2.3.5 就业转失业比例高

当前，以市场化就业为取向的企业劳动用工制度改革和以知识经济为基础的经济结构调整，对求职者的年龄、知识、技能和市场竞争意识要求较高。与此相比，失地农民处于劣势地位，造成失地农民就业转失业的比例较高，即使是通过"招工安置"的失地农民，也有相当一部分处于失业状态。在本地主要是到企业事业单位应聘临时性、技术含量低的工作，在外地主要是从事临时性的工作。他们又往往是受排斥、受歧视的对象，对就业产生不良影响。失业情况随时都可能出现。此外，自谋职业者由于风险性较高，也决定了他们有随时失业的危险。还有就是通过"招工安置"的失地农民，随着企业劳动用工制度的改革和企业的转制、兼并和倒闭，过去已实现"招工安置"的失地农民，大多被裁减或失业回村。所以失地农民就业转失业的比例很高。

2.3.6 自愿性失业

自愿性失业是指工人所要求得到的实际工资超过了其边际生产率，或在现行的工作条件能够就业、但不愿接受此工作条件而未被雇用所造成的失业。本书所指的自愿性失业，还包括有一定生活保障、能够就业但劳动报酬达不到其心理预期的劳动适龄人员。

在安阳高新区调查中，发现有部分失地农民，他们有一定的专业技能，有能力和机会找到工作，但是由于货币安置的一次性补偿能确保他们的近期生活无虞，或者因为家庭原有的经济基础较好，对于所要搜寻的未来工作没有紧迫感和压力，对工作的心理期望值较高，因而，虽然可以就业但是却没有工作。这部分人员有 10 人，占到调查样本总数的 6.6% 左右。

2.4 失地农民就业问题的不良影响

2.4.1 经济影响

从宏观经济学的角度来讲，充分就业是社会财富增长和经济发展的重要因素，而高失业率是社会经济的不良反映。从微观经济学的角度来讲，失地农民以前长期务农，形成单一的农业技能，失业后其人力资本投资和收益出

第二章 安阳高新区失地农民就业状况及存在问题

现不平衡,造成人力资本的巨大浪费;此外,失业也导致了家庭经济收入的下降,对于家庭人力资本的再投资形成了制约,从而引发家庭发展的恶性循环。

在安阳高新区调查时发现,失地失业人员的由失地前的17人(占11%)上升为失地后的44人(占29%)。根据我们的调查显示,有21%的失地农民失去土地后感觉生活水平明显下降了,有13%的失地农民感觉生活水平略有下降,二者合计下降的比例高达34%。问及生活水平下降的主要原因时,大多回答的是没有工作或者工作不稳定。因为失业或者工作不稳定,导致收入下降或生活困难,在没有政府或外界财力支持的情况下,他们很难进一步对自己和下一代进行人力资本的投资,即进行提高自身和下一代综合素质、职业技能、学历教育的投资。根据舒尔茨人力资本理论,人力资本投资教育培训是提高人力资本最基本的主要手段。生产力三要素之一的人力资源显然还可以进一步分解为具有不同技术知识程度的人力资源。高技术知识程度的人力带来的产出明显高于技术程度低的人力。没有充足的人力资本投资也就决定了大多数失地农民,因为较低的技术水平而带来较低的个人产出即收入水平。这也就必然导致了家庭经济、教育的恶性循环。

2.4.2 社会影响

在安阳高新区的调查当中得知,据不完全统计,从2000年到2007年年底,安阳高新区共发生失地农民纠纷、上访、闹事等大小事件52起。这其中有补偿费太低、生活水平下降、没有社会保障等原因,还有就业得不到保障原因。而就业问题是其中根本的问题。失地农民就业问题对于当前社会主义和谐社会的建设是一种不协调的现象,这一问题解决的程度直接关系到社会的稳定发展、失地群众的生活水平。

目前,因为征地引发农村群体性事件已经占到全部农村群体性事件的65%以上,而且有不少事件引发了当地警察和村民的流血性冲突,征地纠纷成了农村最不稳定的因素和焦点问题。现在上访中60%以上是因为土地纠纷。[1] 遍及全国愈演愈烈的土地纠纷已呈现暴力和失控的局面,以征地矛盾为主的上访失地农民已经严重危及社会和谐。政府的责任之一是保障公民的各项基本权利得到实现,这项责任的落实情况会严重影响社会公众对政府的

---

[1] 保障失地农民利益的建议,http://www.ptxw.com/caijin/snzx/200801/10/8504_0.shtml。

政治信任。社会公众的政治信任对于政府的顺利运作和社会稳定都具有重大意义,因为它是政治支持的重要组成部分,也是构成政治制度合法性的基础,信任政府的公民更可能遵纪守法、支持政府的倡议和在无须借助强制力的情况下追随政治领导。较高的信任与较少介入动员式参与相联系(Seligson,1980)。而低度的信任使得政治领导的成功更为困难,并导致政府在一系列国内政策方面无法得到支持(Chanley,2000)。

第三章 安阳高新区失地农民就业影响因素及其重要性分析

3.1 失地农民就业问题的影响因素

3.1.1 与失地农民就业有关的政策及制度因素

3.1.1.1 就业安置政策和制度

1999年颁布实施的《中华人民共和国土地管理法实施条例》中对失地农民采取3种安置途径。

一是由失地农民所在农村集体经济组织负责安置的方式，即把征地款付给当地集体经济组织，由农村集体经济组织管理和使用，让其妥善安置失地农民。二是传统的"以土地换就业"，由其他单位或征地单位安置失地农民就业。三是对失地农民进行一次性货币补偿的安置方式。

2006年4月，国务院转发的劳动和社会保障部《关于做好被征地农民就业培训和社会保障工作的指导意见》要求促进被征地农民就业，坚持市场导向的就业机制。在劳动年龄段内尚未就业且有就业愿望的，可按规定享受促进就业再就业的相关扶持政策。落实被征地农民就业安置责任。政府要积极开发公益性岗位安置就业困难的被征地农民就业，督促指导用地单位优先安置被征地农民就业。

虽然从制度上规定了失地农民就业可以通过招工安置，在本地企业务工。但随着劳动用工制度的改革和企业的转制、兼并和倒闭，过去已实现招工安置的失地农民，大多被裁减或失业回村。失地农民回流返村就业，给村集体带来很大的工作和经济上的压力，在一定程度上影响了当地的社会稳定。

坚持市场导向的就业机制促进失地农民就业，这是中国经济体制改革的宏观方向，是不可逆转的趋势。在这一宏观大背景下，失地农民由于其转业后专业技能的缺失、自身综合素质的差距、市场化就业意识的淡薄，使得失地农民在竞争中处于明显的劣势,也很难进行公平竞争、实现就业。而在落实失地农民的就业安置责任中,要求政府开发公益性岗位、用地单位优先安置失地农民就业。这只能是市场导向就业机制下的辅助措施,提供的就业岗位数量有限,远远不能满足失地农民的就业需求,不能从根本上解决问题。

《安阳市被征地农民社会保障试行办法》规定:①未达到退休年龄的适龄人员,统一纳入城镇失业登记和就业服务体系。公共就业服务机构要积极提供就业咨询、就业指导、就业培训、职业介绍等服务,促进劳动年龄段内有就业愿望的人员尽快实现就业。鼓励自谋职业。②市、区政府应加大就业培训力度。对在劳动年龄段内、自愿参加技能培训的,免费提供一次职业技能培训,培训经费由当地财政解决;对从事个体经营或创办经济实体的,经劳动保障部门确认,在税收、行政事业性收费、小额贷款等方面,按照城市失业人员就业的有关规定,享受优惠待遇和相关扶持政策。③市、区政府要大力开发公益性岗位,对符合条件的人员(仍保留部分耕地的除外)比照城镇"4050"人员的有关劳动保障规定积极予以安置。

尽管《安阳市被征地农民社会保障试行办法》规定了将失地农民就业问题纳入城镇就业体系。有关失地农民就业的政策,普遍缺乏可操作性,缺少针对性、指导性和可行性的配套政策。再加上各地就业压力和失地农民自身因素的影响,这些制度很难得到有效的实行。从安阳高新区情况来看,存在同样问题的政策制度缺乏可操作性和相应的配套政策。失地农民就业是一个牵涉面很广的问题。而妥善解决失地农民就业问题,事关他们的基本生活权益,同时也事关农村和社会的稳定。因此,政府还应以解决"三农"问题为着眼点,从构建和谐社会和全面建成小康社会的高度,认真地把解决失地农民就业当作构建和谐社会其中一项重要的工程来抓。

在就业理论中,强调政府干预的新凯恩斯主义对失业理论进行了新的探索性研究。新凯恩斯主义的劳动力市场理论的关键在于工资的黏性。所谓工资的黏性是指工资不能随着需求的变动而迅速调整,工资上升容易而下降困难。新凯恩斯主义者就失业问题提出解决措施:第一,更多考虑长期失业者的利益,对失业者进行职业技术培训,提高他们的边际产品价值,降低劳动力的周转成本,为他们多提供就业机会。第二,干预劳动工资合同,使工资较有弹性,以提高就业率。这为我们解决安阳高新区的失地农民就业问题提供了启发性的思路,发挥政府的自身优势,加强就业培训,适度调节干预劳动工资合同,制定最低工资标准,既有其理论依据,也有其实践经验依据。

3.1.1.2 安阳高新区就业培训制度体系

就业是失地农民最好的保障，关系着失地农民的生存和发展。目前，我国安置失地农民就业主要是通过招工安置和就业安置。但笔者认为，解决失地农民就业问题，除就业安置外，根本在于政府制定关于失地农民就业的培训制度，帮助和引导他们树立适应形势的就业观念、提高专业技能。为此，政府部门应该建立完善的就业培训体系，而安阳高新区的就业培训体系把劳动年龄段内的失地农民纳入了劳动就业培训体系，但这种培训体系目前存在很多不足。

第一，就业培训宣传不到位。由于相关部门就业培训重要性和必要性的宣传工作不到位，失地农民对就业培训重要性认识不够，导致了参加培训的人数太少，造成人、财、物资源的极大浪费，就业培训的效用得不到有效利用，导致了他们普遍存在畏惧和排斥的心理，宁可在城市中从事简单重复的体力劳动，也不愿意参加技能培训。此外，培训费用也是失地农民不愿参加培训的一个重要原因，尽管安阳高新区区政府对在劳动年龄段内、自愿参加技能培训的，免费提供一次职业技能培训，培训经费由当地财政解决，但由于培训内容、培训方式、培训时间等方面的制约，使得培训效果不好，而且浪费时间和金钱。

根据我们在安阳高新区的调查中显示，有60%的失地农民认为技能培训起不到作用；21%的人认为自己已经有足够的技能可以找到工作，19%的人认为培训费用还要再增加自己额外的开支而不愿意接受培训。根据沿海开放地区的经验，职业技能培训在解决失地农民就业的问题上可以发挥更大的作用，而在安阳高新区的实际情况中发挥的作用不太理想。

第二，培训内容缺乏针对性，起不到应有的作用和效果。由于培训的课程和专业设置缺乏科学性，针对性不强，培训目标任务不明确，培训什么技能、达到什么水平标准都没有详细的计划，造成供给与需求脱轨。在调查问卷中，失地农民有17%的人认为职业技能培训没有任何作用，有73%的人认为作用一般，仅有10%的人认为技能培训作用较大。

第三，职业技能培训软件和硬件都不达标。目前在安阳高新区开展失地农民就业培训的教师专业性不强，上级重视不够，有走形式、走过场的心理，加之不了解市场需求，培训场所简陋、设施陈旧，参加过培训的失地农民对此意见很大，认为不能满足他们的就业需要，培训效果不好。

第四，对已经上岗失地农民的培训重视不够，容易导致就业转失业。

在安阳高新区的调查中，49%的人认为现有的技能水平低，如果不进一步参加培训就很难适应现在的岗位；而在已就业人员中，有62%的人表示有机会很想参加技能培训。然而，现有培训规划忽略了对这部分人员的就业培训，导致他们不能得到企业和政府的培训支持。

3.1.1.3 就业制度歧视

失地农民容易遭受就业歧视和不公平待遇。所谓就业歧视，即条件相仿的求职者在求职过程中，由于某些与个人工作能力无关的因素影响，不能享有与他人平等的雇佣机会，从而使自己的平等就业权受到侵害的现象，主要表现有户籍、年龄、性别、经验歧视等。尽管我国出台了相当多的促进就业规定、措施，但由于长期的城乡二元经济结构惯性，对于处于弱势群体的失地农民来说，就业歧视是一个不争的事实。在就业范围上，失地农民也容易遭受不公平待遇，他们往往只能选择劳动环境差、福利待遇低、工资无保障的工作。

在安阳高新区的调查中，我们了解到，安阳的国有企业招工不仅有户籍、年龄的限制，并且对于招工进厂的员工分为正式工、合同工和临时工等多个等级。作为技能水平较低的失地农民来说，大多被定性为临时工，正式工享有的养老保险、医疗保险和失业保险等各项社会保障福利，他们是很难享受的。此外，作为身份已经转为市民的失地农民来说，安阳高新区政府提供更多的是一次性货币安置，正式制度规定没有覆盖失地农民的各项保险制度，作为与市民同样享有国民待遇的失地农民显然遭受了这方面的歧视；而涉及制度规定的就业安置，因为缺少可行性和配套措施而只能流于形式。因而，无论从制度的规定形式和实际情况来看，还是从失地农民就业的经历来看，制度性的歧视都不同程度地存在着。

3.1.2 失地农民自身因素

人力资本理论提出，求职者能否实现就业主要取决于受教育程度、就业技能水平的高低。实地调研显示，大部分失地农民教育文化水平不高，二次学习意愿不强，就业水平提升的内生动力不足，并且，当前社会劳动用工制度越来越倾向于由市场本身来主导，对劳动者的知识、文化提出了更高的要求，而大部分农民群体受学历、阅历所限，离开土地就没有其他谋生的技能，这就必然导致失地农民就业困难，即使就业也是低层次就业，收入低、稳定性差，就业后不能满足用工单位要求再次失业的比比皆是。我们调查的

第三章　安阳高新区失地农民就业影响因素及其重要性分析

失地农民，在劳动年龄段内的失地农民总数为 151 人，小学以下文化程度的人数为 14 人，实现再就业的人数为 6 人，占小学文化失地农民人数的 43%，同样以此计算，实现再就业的比例，小学文化为 53%，初中为 75%，高中为 85%，大学为 91%。具体见表 3.1。由此可见，教育水平高低直接影响着失地农民的就业水平。

受农村客观条件限制和传统单纯靠土地生活的思维定式影响，失地农民普遍只会从事传统种植业，缺乏各类非农技能。受制于思想落后无长远眼光，加上经济拮据，大部分农民不舍得花钱投资自身教育培训，只会将补偿款用于偿债、婚嫁和消费等方面，而不是用于提高自身创业或就业能力。整体看来，掌握非农技能的失地农民少之又少，拥有各类非农职称专业技能证书的更是几近于无。从上文可以得出，缺乏技能是影响失地农民再就业的难题。故此，在城市中就业时，失地农民在获取就业岗位方式、适应岗位时间，继而保持就业稳定性方面都存在很多困难。失地农民受限于自身受教育程度低、综合素质低，只能进入"二级劳动力市场"，从事技术含量低、待遇差的体力劳动，随时面对再次失业的困境。安阳高新区劳动与社会保障局提供的数据显示，2006 年在技能水平方面，65% 的岗位需要有各种技能证书，而 20% 的岗位需要中级以上的职业资格。[①] 所以，很多失地农民在就业的时候，既受到了文化教育水平的限制，又缺少一定的非农产业技能，使得他们在劳动力就业市场上缺乏竞争力，自谋职业比例较低。首先是教育水平普遍偏低，35 岁以上的基本以初中及初中以下学历为主；其次是非农专业技能差，因为就业技能的单一，使他们难以适应城市工业和服务产业中要求技能较高的职业，大多数只能从事简单重复的劳动和以个体经营为主的第三产业，选择对知识技术要求不高的建筑业和餐饮服务业等，从事的是一些低报酬、脏差累体力活；最后是从事工作的时间短，很多失地农民从事属于临时性、季节性就业，年平均工作时间在半年左右。

一方面，部分失地农民参与就业培训的积极性不高，考虑问题无长远规划，他们或认为自身年龄大、素质低，不可能掌握新的就业技能，不愿意自费参加培训；另一方面，失地农民免费培训效率低，培训组织难。经查阅当地人社部等部门免费就业培训会资料，参加人数很少，部分失地农民认为培训耽误时间，影响了经济收入，参加技能培训积极性不高；部分参加培训后

---

① 2006 年安阳高新区用工调查，安阳高新区劳动与社会保障局提供。

表 3.1　失地农民按文化程度就业的比例

学历	小学以下	小学	初中	高中	大学	总计
劳动年龄内的失地农民/人	14	36	52	27	22	151
再就业失地农民/人	6	18	41	21	20	106
实现再就业比例	43%	50%	79%	78%	91%	70%

的失地农民，在本地就业对工作岗位、工资待遇比较挑剔，外地务工工资待遇虽然有所提高，失地农民又不愿远离家乡。因为对失地农民培训没有相关政策要求，约束力不强，造成培训报名时没人报，报了名的又不积极去参加，培训质量差，培训效率低。

"人力资本理论之父"舒尔茨指出，人力资源是一切资源中最主要的资源，在经济增长中，人力资本的作用大于物质资本的作用。人力资本的核心是提高人口质量，教育投资是人力投资的主要部分。

增加安阳高新区失地农民人力资本的投入，不仅有利于提高整个地区的劳动生产率，更有利于失地农民自身素质的提高，实现就业机会的增加，保障其生活水平，实现社会的稳定。

3.1.3　经济因素

3.1.3.1　企业吸纳能力

随着我国经济的发展及教育水平和技术水平的普遍提高，劳动力的市场需求呈现边际递减规律。安阳高新区地处内地，经济水平落后，企业吸纳劳动力的能力不足。进入安阳高新区的企业又大多是以高新技术为特征的技术密集型企业，相对于劳动密集型企业，其招收的劳动力少，要求的技能水平高，而失地农民在这方面明显处于就业的劣势地位。此外，由于安阳高新区高技术企业较多，提供就业岗位较少，因而失地农民失业现象严重，加上安阳市城市化水平较低，第三产业比重不高，为农村剩余劳动力提供的就业空间十分有限，即使现有的一些岗位也主要集中在阶段性、临时性、体力型的工作。尤其是当前，由于美国次贷危机引发的全球经济危机，对中国外贸出口型企业冲击很大，广东、福建等沿海发达地区，许多外贸企业倒闭，失业增多；经营困难的企业也纷纷裁员，因征地被招工进厂的失地农民工，因为技能水平的原因，成为被优先裁员的对象。

第三章 安阳高新区失地农民就业影响因素及其重要性分析

3.1.3.2 整体经济发展水平落后影响失地农民就业

经济增长是实现充分就业的重要前提，奥肯定律对此做出了宏观的解释。当经济增长率高于2.25%时，失业率将会下降。在此基础之上，经济增长率每增加一个百分点，失业率就会下降半个百分点；当经济增长率低于2.25%时，失业率将会上升，经济增长率每减少一个百分点，失业率就会上升半个百分点。如果从这种互动关系来看，就业规模的扩大，在一定程度上取决于经济已有的规模及其增长速度。只有经济规模不断扩大，才能相应地创造更多的新生就业岗位。因此，保持经济的稳定增长，使国民经济增长率高于就业增长率，是实现充分就业目标的关键环节。凯恩斯（John Maynard Keynes）将国民经济产出水平与就业水平联系起来，提出国民经济产出水平的常态不足造成充分就业未能实现的全新观点。

安阳地处我国中部地区，改革开放以来，经济水平取得了突飞猛进的发展，在河南处于中游水平，相对于发达地区来说，安阳经济发展水平还是相当落后的。2000年，全市生产总值256亿元，人均生产总值4967元。2006年，全市生产总值645.2亿元，是2000年的2.5倍；人均生产总值12 054元，比2000年翻了一番多。2000年，河南生产总值是5137.66亿元，人均生产总值5444元。2000年，江苏生产总值8582.73亿元，人均生产总值11 773元。2016年，河南生产总值40 488.22亿元，人均生产总值42 709元。2016年，江苏生产总值76 086.17亿元，人均生产总值95 390元，是安阳人均生产总值的2.4倍。具体见表3.2。

表3.2 地区生产总值和人均生产总值比较

地区	2000年		2016年	
	生产总值/亿元	人均生产总值/元	生产总值/亿元	人均生产总值/元
安阳	256.00	4967	2034.59	39 761
河南	5137.66	5444	40 488.22	42 709
江苏	8582.73	11 773	76 086.17	95 390

数据来源：由国家统计局网和安阳政府网的数据整理而来。

安阳地区的经济水平相对于过去提高很大，但是，相对于沿海发达地区，其经济发展水平低很多。相对落后的经济发展水平导致企业吸纳劳动力的能力不足是影响失地农民就业的重要宏观因素。而安阳地区经济发展水平的极大提高是失地农民就业问题解决的基础。

安阳高新技术产业开发区，2016年累计完成技工贸总收入210亿元、工业总产值135亿元、工业增加值38亿元、高新技术产值94亿元，出口创汇9500万元。2016年与2006年相比，高新区技工贸总收入、工业总产值、工业增加值、高新技术产值、财政一般预算收入分别增长了19.4倍、18.2倍、15.7倍、26.0倍、17.1倍。2016年，工业总产值占技工贸总收入的比重为65.43%，高新技术产值占工业总产值的比重为72%。[①] 由上述可知，在经济增长对就业增长的带动作用已经减弱的情况下，安阳地区经济属于典型的投资拉动型经济，投资是全市经济增长的主要支撑，而安阳高新技术产业开发区，高新技术产值占工业总产值的比重更是达到70%，表明安阳地区的资本有机构成很高。这也是影响失地农民就业的一个极为重要的宏观因素。

3.1.3.3 三产结构不合理的影响

安阳地区第三产业发展滞后影响失地农民就业。一般来说，随着工业化进程的推进，西方发达国家城市化水平就会不断提高，又极大地带动了第三产业的发展，二者几乎是同步的。我国工业化水平已达到中期阶段，而城市化率还处于低水平，2017年全市城镇化率达到55.26%。第三产业向来被认为是国民经济中投入少、吸收劳动力能力最强的领域，其就业弹性往往是第一产业、第二产业就业弹性的数倍。但是中国的第三产业在整个经济中的比重，相对于中国的发展水平来说是偏低的，这些部门中有巨大的潜在的就业机会未被充分发掘。据统计，2018年，安阳第一产业增加值为195.1亿元，占地区生产总值的比重为8.15%；第二产业增加值为1104.5亿元，占地区生产总值的比重为46.15%；第三产业增加值为1093.6亿元，占地区生产总值的比重为45.7%。河南生产总值48 055.86亿元，比上年增长7.6%。其中，第一产业增加值4289.38亿元，增长3.3%；第二产业增加值22 034.83亿元，增长7.2%；第三产业增加值21 731.65亿元，增长9.2%。我国三次产业结构比例为8.9∶45.9∶45.2，第三产业增加值占生产总值的比重比上年提高1.9个百分点。人均生产总值50 152元，增长7.2%。2018

---

① 河南安阳高新区—高新技术的孵化器，http://press.idoican.com.cn/detail/articles/20171201069D43/。

第三章 安阳高新区失地农民就业影响因素及其重要性分析

年,我国三次产业结构比例为7.2∶40.7∶52.2。2018年,安阳第三产业所占比重45.7%,与河南总体水平持平,远远低于全国52.2%的水平,见表3.3。这一状况对于失地农民的就业有着更为直接的影响。可以说,第三产业的发展迟缓成为阻碍我国就业扩大的主要因素。

表3.3 安阳、河南、全国2018年第一、第二、第三产业比例

地区	比例
安阳	8.15∶46.15∶45.7
河南	8.9∶45.9∶45.2
全国	7.2∶40.7∶52.2

数据来源:由安阳政府网、河南政府网和新华网数据整理而来。

可以看出,由于失地农民技能的缺乏和安阳地区产业结构的不合理,导致安阳高新区失地农民结构性失业突出。结构性失业并不是劳动力需求不足,其根源在于劳动力的供给结构不能适应劳动力需求结构的变动,是由于一段时期内劳动力难以改变的技术结构、地区结构、职业结构不能适应经济结构的变动。一些企业一方面招不到想要的员工,另一方面又存在大量的失业人口,这种双方用工不匹配的情况就是结构性失业的体现。

3.2 失地农民就业问题影响因素的重要性分析

为了进一步把握失地农民就业影响因素对失地农民就业影响的程度,甄别解决失地农民就业问题过程中的主要和次要影响因素,本书建立失地农民就业问题影响因素的重要性分析体系,运用德尔菲法和层次分析法对这些影响因素进行重要性分析,为安阳高新区政府在解决失地农民就业问题上提供政策建议。

3.2.1 重要性分析指标的选取原则

安阳高新区失地农民就业影响因素的重要性分析是对安阳高新区失地农民就业影响因素相对重要性指标的选取,既要有反映全面性的影响因素,还要有反映动态性的影响因素。重要性分析指标的选取还必须遵循以下5个

原则。

①全面性。失地农民就业影响因素具有多样性和复杂性，重要性分析指标体系的基本作用是要对各种因素做出解释和说明，只有全面的数据才能反映整体性和系统性。但不能简单认为指标越多越全面，而应有所取舍。

②代表性。指标应该可以代表它所代表的因素某方面的特征，系统状态的改变是由该指标引起的。

③实用性。指标必须易于理解，并且对重要性分析工作很重要。

④可比性。指标是描述、评价、分析的工具，也是进行纵向横向比较的语言。可比性原则就是要求在设计和改进指标时，应注意指标口径、内容、方法在纵向和横向的可比性，以及总体系统内部各子系统之间的协调。

⑤动态性。影响因素指标的选取必须考虑环境变化所带来的影响，能够体现事物连续发展变化的动态特性。

3.2.2 重要性分析指标体系的建立

失地农民就业问题是一个涉及多方面因素的问题，不仅包括原来体制下的农村社会环境，还包括城市社会环境，同时还要兼顾农村和城市文化差异方面的协调问题。因此，在重要性分析指标的选取上，要注意多选择一些灵敏度高、代表性强、有一定区分能力又互相独立的指标组成重要性分析体系（表3.4）。

表3.4 失地农民就业影响因素指标体系

目标层	准则层	基本指标层
安阳高新区失地农民就业影响因素 A	制度因素 B1	劳动就业制度 C11
		就业培训制度 C12
		失业保障制度 C13
	农民自身因素 B2	技能水平 C21
		依赖思想 C22
		教育水平 C23
		性别年龄 C24
	经济因素 B3	经济发展水平 C31
		经济结构 C32
		企业吸纳能力 C33

3.2.3 重要性分析指标权重的确定方法

对于失地农民就业的影响因素指标权重的确定，本书运用德尔菲法和层次分析法结合来确定准则层和基本指标层的相对权重，提高指标体系的准确性。

重要性分析指标体系由3个准则层和10个基本指标层构成，与层次分析法的要求和思路一致，所以可以通过层次分析法来计算指标体系中各个指标的相对权重。本书采用德尔菲法得到判断矩阵的值，为层次分析法提供基础数据。通过问卷调查的形式邀请了安阳高新区管委会、安阳师范学院和安阳工学院等单位的专家和相关方面的工作人员共12人，对重要性分析指标体系中准则层和基本指标层影响因素的相对重要性（权重）进行了评判，总共回收到10份有效调查问卷。通过对判断矩阵计算分析后，根据相应判断矩阵的特征根，算得基本指标层指标对于准则层的相对权重。

3.2.4 影响因素重要性分析的实施

层次分析法（analytic hierarchy process，AHP）是一种定性与定量相结合的决策方法。美国T. L. Saaty教授于20世纪70年代首先提出，它是一种确定递阶层次结构中各影响因素之间相对重要性（权重）的数学方法。层次分析法的基本思路是依据特定问题的性质、复杂程度和所要达到的目标，将具体问题按层次分成相互独立又有联系的因素，确定因素之间的相对重要性（权重），在计算下一层次因素的重要性（权重）时既要考虑该层次影响，还要考虑与其对应的上一层次的权重系数，然后分层计算，直到基本指标层，最终得出每个层次单个指标的权重系数。

（1）层次分析法的基本原理与步骤

首先，建立递阶层次结构模型。在应用层次分析法分析决策问题时，条理化、层次化地构建问题模型是重要而又关键的一步，层次分析法模型构架涵盖以下3个层次。

①最高层：最高层一般只有一个目标元素，它是分析和解决问题的最终目标结果，也可以把它叫作目标层。

②中间层：中间层中主要包括一些中间环节，这些中间环节主要是为实现目标而设计的，它一般由几个相互独立而又联系的层次构成，基本上包含所要考虑的一些基本准则，因此也可以称为准则层。

③最底层：最底层主要是为了实现最高层和中间层目标选择的各种措施、方案等，处于基本层面，因此也可以称作基本指标层、措施层或方案层。

层次分析法中的层次数一般不受限制，主要决定于层次分析法所分析问题的复杂程度，层次数随着复杂程度而提高。每一层次中所支配的元素也和问题的复杂程度有关，但是根据 Saaty 教授的建议，一般不要超过 9 个。

其次，层次分析法判断矩阵的构建。如何确定层次结构各个因素之间的比例关系，各个准则层中的基本指标层比重为多少，在人们的主观想法中，它们都有一定的比例。如何确定各个因素的权重值，Saaty 教授用数字 1~9 及其倒数作为标度，其含义见表 3.5。

表 3.5 标度含义

标度	含义
1	表示两个因素相比，具有相同重要性
3	表示两个因素相比，前者比后者稍重要
5	表示两个因素相比，前者比后者明显重要
7	表示两个因素相比，前者比后者强烈重要
9	表示两个因素相比，前者比后者极端重要
2，4，6，8	表示上述相邻判断的中间值
倒数	若因素 i 与因素 j 的重要性之比为 a_{ij}，那么因素 j 与因素 i 重要性之比为 $a_{ji}\left(a_{ji}=\dfrac{1}{a_{ij}}\right)$。

再次，层次单排序及一致性检验。

最后，层次总排序及一致性检验。

（2）准则层相对总目标的重要性矩阵

相对于安阳高新区失地农民就业影响因素重要性分析体系的总目标来说，其准则层的 3 个指标分别进行两两比较，构建相对重要性矩阵，见表 3.6。

第三章　安阳高新区失地农民就业影响因素及其重要性分析

表 3.6　准则层相对总目标的重要性矩阵

A	B1	B2	B3
B1	1	2	3
B2	1/2	1	2
B3	1/3	1/2	1

从矩阵可得到：

① $\overline{W}_i = \sqrt[3]{\prod_{i=1}^{3} B_i}$　（$i = 1, 2, 3$）得：

$$\overline{W}_1 = \sqrt[3]{1 \times 2 \times 3} = 1.82,$$

$$\overline{W}_2 = \sqrt[3]{\frac{1}{2} \times 1 \times 2} = 1,$$

$$\overline{W}_3 = \sqrt[3]{\frac{1}{3} \times \frac{1}{2} \times 1} = 0.55。$$

② 向量 $\overline{W}_i = (\overline{W}_1, \overline{W}_2, \overline{W}_3)$ 做归一化处理，求单位特征向量 w_i。

$$\sum_{i=1}^{3} \overline{W}_i = \overline{W}_1 + \overline{W}_2 + \overline{W}_3 = 1.82 + 1 + 0.55 = 3.37,$$

$$w_1 = \frac{\overline{W}_1}{\sum_{i=1}^{3} \overline{W}_i} = \frac{1.82}{3.37} = 0.54,$$

$$w_2 = \frac{\overline{W}_2}{\sum_{i=1}^{3} \overline{W}_i} = \frac{1}{3.37} = 0.30,$$

$$w_3 = \frac{\overline{W}_3}{\sum_{i=1}^{3} \overline{W}_i} = \frac{0.55}{3.37} = 0.16。$$

单位特征向量 $W = (w_1, w_2, w_3)^T$

③ 计算 A-B 矩阵的最大特征根 λ_{max}：

$$AW = (1.62, 0.89, 0.49)^T,$$

$$\lambda_{max} = \sum_{i=1}^{3} \frac{1}{3} \frac{(AW)_i}{w_i} = 3.01。$$

④ 由 $n = 3$，查表可知 RI = 0.58，则 $CI = \frac{\lambda_{max} - n}{n - 1} = 0.005$，$CR = \frac{CI}{RI} =$

$\frac{0.005}{0.58}=0.009<0.10$，可以通过一致性检验，判断矩阵的一致性是可以接受的，说明矩阵指标设定符合要求。

单位特征向量 $W=(w_1, w_2, w_3)^T$ 就是3个准则层指标对于总目标的相对权重，在影响失地农民就业因素的3个子系统中，制度因素占据主导地位，包括劳动就业制度、就业培训制度、失业保障制度等。解决失地农民就业，最主要的是政府要出台一系列的政策制度，包括城乡一体的劳动就业制度、培训制度和社会保障制度，尽到自身应尽的社会责任和义务，为失地农民就业问题的解决提供社会环境和政策制度平台。失地农民自己要发挥主观能动性，提高技能水平和教育水平、转变就业观念，为自身就业问题的解决创造必要条件。因此，解决失地农民就业的首要出发点是政府政策制度环境的提供，其次是失地农民自身素质的提高。

（3）基本指标层相对准则层的重要性矩阵

按照以上方法，计算每个基本指标层相对于其所在准则层的权重。

①制度因素阶层下面3个基本指标相对于制度因素的相对权重，见表3.7。

表3.7 基本指标层相对准则层 B1 的重要性矩阵

B1	C11	C12	C13	K_i
C11	1	2	4	0.57
C12	1/2	1	1	0.29
C13	1/4	1	1	0.14

$$\lambda_{max} = \sum_{i=1}^{3} \frac{1}{3} \frac{(BW)_i}{w_i} = 3.09$$

由 $n=3$，查表可知 RI = 0.58，则 CI = $\frac{\lambda_{max}-n}{n-1}$ = 0.045，CR = $\frac{CI}{RI}$ = $\frac{0.045}{0.58}$ = 0.08 < 0.10，可以通过判断矩阵的一致性检验，表明指标设定符合要求。

从以上可知，由于历史原因我国存在严重的城乡二元结构，极大地制约着农村劳动力的转移，失地之后的农民，既面临着身份的转换，也面临着心理、工作方式及相应制度的适应。这些因素不同程度地影响着失地农民的就

第三章 安阳高新区失地农民就业影响因素及其重要性分析

业。完善城乡统一的劳动就业制度,是解决失地农民就业问题最重要的制度突破口。同时,作为第二权重就业培训制度和失业保障制度也需要做一些说明,由于现行失地农民的就业培训大多以政府主导、失地农民被动参与模式,导致培训流于形式,农民缺乏参与的主动性;我国由于历史原因所形成的城乡二元结构造成城乡差别极大的社会保障,使得农民失去土地之后,如果不能及时就业,就会对他们的生活造成影响,因而建立失地农民失业保险是防范失地农民不能及时就业风险的必要制度措施。

②失地农民自身因素阶层下面4个基本指标相对于失地农民自身因素的权重,见表3.8。

表 3.8 基本指标层相对准则层 **B2** 的重要性矩阵

B2	C21	C22	C23	C24	K_i
C21	1	2	2	3	0.41
C22	1/2	1	2	3	0.29
C23	1/2	1/2	1	3	0.20
C24	1/3	1/3	1/3	1	0.10

$$\lambda_{max} = \sum_{i=1}^{4} \frac{1}{4} \frac{(BW)_i}{w_i} = 4.16$$

由 $n=4$,查表可知 RI $=0.90$,则 CI $=\dfrac{\lambda_{max}-n}{n-1}=0.05$,CR $=\dfrac{CI}{RI}=\dfrac{0.05}{0.90}=0.06<0.10$,所以通过一致性检验。

从以上可知,在失地农民自身因素的子系统中,最重要的指标是非农产业就业技能水平。目前,我国失地农民就业的最大困难就在于缺乏非农产业从业技能。长期从事农业生产,技能单一,失地农民短时间内很难适应企业尤其是高技术企业的用工需求。他们教育水平较低、年龄偏大,中年以后的人学习新知识较困难,实现转移就业也就比较困难。因此,千方百计地提高失地农民的专业技能是解决失地农民就业问题的基础问题,其在整个重要性分析体系中占有重要的地位。

③经济因素阶层下面3个基本指标相对于经济因素的相对权重,见表3.9。

表 3.9 基本指标层相对准则层 B3 的重要性矩阵

B3	C31	C32	C33	K_i
C31	1	1/2	1/3	0.16
C32	2	1	1/2	0.30
C33	3	2	1	0.54

$$\lambda_{max} = \sum_{i=1}^{3} \frac{1}{3} \frac{(BW)_i}{w_i} = 3.02$$

由 $n=3$，查表可知 RI = 0.58，则 CI = $\frac{\lambda_{max} - n}{n-1}$ = 0.01，CR = $\frac{CI}{RI}$ = $\frac{0.01}{0.58}$ = 0.02 < 0.10，所以通过一致性检验，说明指标设定符合要求。

从以上可知，在经济因素中，最重要的指标是企业吸纳能力，也就是企业吸纳劳动力就业的能力。对于以高新技术企业为主的安阳高新区来说，企业类型对于失地农民就业有着显著的影响，高新技术类型的企业需要劳动力少，并且需要高素质、高技能型人才，而失地农民在这方面具有明显的劣势；服务型企业具有需要劳动力多、要求技能水平低等特点，更有利于吸纳劳动力，实现失地农民就业。

（4）基本指标层相对总目标的权重

计算基本指标层相对于总目标的权重并进行总排序的一致性检验，计算结果见表 3.10。

从表 3.10 可知，在重要性分析体系的基本指标层中，劳动就业制度和就业培训制度这两个指标对于失地农民就业影响因素总目标而言最重要，它们的相对权重分别达到 0.31 和 0.15，其次是失地农民的非农产业技能水平权重达到了 0.12。因而，影响失地农民就业的主要因素为劳动就业制度、就业培训制度及失地农民的非农产业技能水平。

$$CI = \sum_{i=1}^{n} B_i CI_i = 0.54 \times 0.045 + 0.3 \times 0.05 + 0.16 \times 0.01 = 0.04$$

$$RI = \sum_{i=1}^{n} B_i RI_i = 0.54 \times 0.58 + 0.3 \times 0.90 + 0.16 \times 0.58 = 0.68$$

$CR = \frac{CI}{RI} = \frac{0.04}{0.68} = 0.06 < 0.10$，所以通过一致性检验，表明本重要性分析体系的指标设定符合要求，总排序具有满意的一致性。

表 3.10 基本指标层相对总目标的权重总排序

指标层权重	B1 (0.54)	B2 (0.30)	B3 (0.16)	基本指标相对于总目标的权重
C11	0.60			0.31
C12	0.20			0.15
C13	0.20			0.08
C21		0.41		0.12
C22		0.29		0.09
C23		0.20		0.06
C24		0.10		0.03
C31			0.16	0.02
C32			0.30	0.05
C33			0.54	0.09

综上所述，本书通过德尔菲法和层次分析法相结合的方法得出失地农民就业影响因素的重要性分析体系各个指标的相对重要性权重系数，经过计算、排序和一致性检验，本体系排序具有很好的一致性。

第四章　解决安阳高新区失地农民就业的对策建议

通过以上失地农民就业影响因素的重要性分析，得出的结论表明，在准则层中，制度因素是最重要的影响因素，权重达到了0.54；失地农民自身因素居第2位，权重为0.30；经济因素居第3位，权重为0.16。在基本指标中劳动就业制度、就业培训制度、失地农民的技能水平和企业吸纳能力等因素是影响失地农民就业的前4位指标，权重分别达到了0.31、0.15、0.12和0.09，见表3.4和表3.10。根据分析及借鉴国内外解决失地农民就业的经验教训，并结合安阳高新区的现有资源条件，提出了解决安阳高新区失地农民就业的对策和建议。

4.1　加强解决失地农民就业问题的制度建设

制度因素中的劳动就业制度、就业培训制度和失业保障制度等基本指标相对于总目标权重分别达到了0.31、0.15和0.08，在所有10个基本指标中分别居第1位、第2位和第5位，见表3.4和表3.10。因而，完善有关失地农民的劳动就业制度是解决失地农民就业问题关键措施。

安阳高新区具备中国二元经济结构的所有基本特点，城乡分割的劳动就业制度、就业歧视和不同社会保障制度。尽管《安阳市被征地农民社会保障试行办法》规定将未达到退休年龄的适龄人员，统一纳入城镇失业登记和就业服务体系。公共就业服务机构要积极提供就业咨询、就业指导、就业培训、职业介绍等服务，促进劳动年龄段内有就业愿望的人员尽快实现就业。鼓励自谋职业；市、区政府要大力开发公益性岗位，对符合条件的人员（仍保留部分耕地的除外）比照城镇"4050"人员的有关劳动保障规定积极予以安置。在安阳高新区的企业招聘中，由于安阳高新区政府的政策要求和行政干预，失地农民名义上具有优先录用的优势，但是在实际工作当中，失地农民不仅要和城镇劳动力进行公开的竞争，甚至在就业过程当中受到不同

第四章 解决安阳高新区失地农民就业的对策建议

程度的就业歧视。尤其是安阳高新区以外的企业招聘当中，失地农民不仅有着自身的天然劣势，更受到城乡不同劳动就业制度的限制。例如，一部分国有企业把企业员工按身份划分成正式员工和临时员工，他们不仅在工资水平上存在着显著的差异，在子女就学和社会保障等福利待遇方面更是受到不同的对待。

从地理位置来看，安阳地处中国中部、河南的北部，有着独特的区位优势，在国家实施"中部崛起"和河南实施"中原崛起"的战略当中，安阳具有明显的政策制度优势。

首先，安阳高新区政府要确立"就业优先"的政策、制度目标。党的十八大以来，我国一直把就业作为优先考虑的战略目标，这不仅是历史经验总结的结果，更是社会发展进步所应该体现的方向。安阳高新区政府解决失地农民就业的前提就是首先要把就业放在政府工作的重要位置，这不仅关系到社会的和谐与稳定，更关系到失地农民自身基本生活水平的保障和提高。就业优先的政策和制度目标，需要有相关配套政策和措施予以保障，包括失地农民的就业培训政策和制度、失地农民失业保险政策和制度。此外，还要引导失地农民提高自谋职业、竞争就业的自觉性和能力，积极主动地参与市场化就业。

其次，借鉴发达国家的经验，使安阳高新区失地农民职业教育和职业培训制度化。很多国家高度重视失地农民的教育与培训工作。通过对失地农民进行针对性的培训，提高他们的综合素质，增强他们再就业的能力，通过就业换取保障，从而减少失业保险基金的支出，减轻政府的财政压力。美国、日本等国家都非常重视教育和职业培训的作用。从20世纪60年代开始，美国颁布了许多关于就业培训和就业教育的法令和法规。通过就业培训，提高了劳动者专业技能和素质，有力地促进了劳动者就业，大大缓解了失业问题。第一，安阳高新区政府要从法律的高度，制定与失地农民征地制度、补偿制度和就业制度等配套的失地农民教育和培训制度，使失地农民职业教育和职业培训制度化。这是解决失地农民就业问题的前提和根本。失地农民教育和培训制度的制定，需要注意的一个问题是，制度必须符合当地失地农民实际并且具有可操作性。第二，在职业教育和培训制度的执行上，安阳高新区政府要加强落实、认真督导，防止走形式、走过场。这一点也是很多制度政策制定的虽然完美无缺，但是却不能取得预期效果的重要原因。第三，监督和反馈评估。制度的执行好坏在很大程度上取决于外在第三方力量的制衡和监督。因而加强监督是确保制度得到落实执行的重要条件。此外，反馈评估制度落实执行的效果，是保证制度系统良性循环的必要条件。

再次，安阳高新区应该制定并落实城乡统一的劳动力就业制度。政府体制及其运行方式即公共产品和服务的输出领域应该引入市场机制，提高政府的服务能力，即"政府服务输出市场化"。在构建服务型、责任型政府成为历史潮流的今天，安阳高新区政府应该树立服务意识，强化责任观念，自觉主动地承担其解决失地农民就业问题责任，应按照市场化的原则，打破城乡就业壁垒，制定城乡统一的劳动力就业制度。使各项规章制度完善化、系统化、配套化，为失地农民提供与城镇劳动力平等的竞争平台，实现同工同酬，享受相同的社会保障待遇。建立城乡统一的劳动力就业市场，实现城乡统筹就业。一方面，各级地方政府要站在"情为民所系，权为民所用，利为民所谋"的高度，扫除失地农民享受市民待遇的一切体制性障碍，使失地农民不仅从形式上，而且从心理上、精神上转为市民，增加他们的自信心和荣誉感，使他们以良好的精神风貌参与到劳动力市场的竞争中来；另一方面，加强监管力度，可通过劳动就业制度规范和人员管理相结合，多方面、多角度规范和完善劳动力就业市场。

最后，完善失地农民的失业保险制度。失业保险制度不仅仅是社会的稳定器，更反映了国家以人为本，服务人民的科学发展观。安阳高新区至今还没有建立关于失地农民的失业保险制度。《安阳市被征地农民社会保障试行办法》规定，市、区政府要大力开发公益性岗位，对符合条件的人员（仍保留部分耕地的除外）比照城镇"4050"人员的有关劳动保障规定积极予以安置。这仅是就业方面的安置政策，但是对于失地农民的社会保障却没有明确的规定。

四川在全国推行的失地农民失业保险制度，降低他们面临的风险，缓解各种矛盾，保持社会稳定，促进经济发展，在四川省取得了良好的效果。在安阳高新区完全具有实现的制度和经济条件上的可行性，具体的操作上可以根据安阳高新区的实际调整。

2004年，四川全省范围推行失地农民失业保险。失地无业农民失业保险费的缴纳，原则上采取国家、集体和个人三方负担的办法。应缴纳失业保险费的标准为：本人在当地享受全部失业保险待遇所需资金。其中个人应缴纳的部分，按户口所在地上年度职工平均工资的60%作为缴费基数，按缴费基数的1%计缴10年，从本人的征地安置补助费中抵缴；其余部分按照国家出资80%、集体出资20%的比例,分别在同级政府建立的征地调节资金和土地补偿费中筹集。失地无业农民领取失业保险金的期限为24个月,其失业保险金的发放标准、其他失业保险待遇、管理服务等与当地城镇其他失业人员一致。[①]

安阳高新区政府可以根据当地的经济发展水平和生活水平及其他实际情况,既考虑当前又考虑长远,制定切实可行的失业保障制度,为失地农民就业问题的解决提供配套政策制度。具体来讲,对于失地农民失业保险制度,根据安阳高新区社会保障制度改革的现状可以采取缴费和管理分开的社会化发放方式。对于劳动年龄阶段之内的失地农民,符合条件的,无论何种原因造成的失业,应该建立与城市接轨的失业保障制度,包括失业保障原则、保障水平和保障范围等,保障失地农民的基本生活,维护社会稳定。其资金来源和发放方式可以比照养老保障制度,采取资金通过政府、集体经济和个人共同负担的方式解决,发放采取缴费和管理分开的社会化发放方式解决。此外,在条件具备的情况下,应该建立与城市衔接的医疗保障制度和最低生活保障制度,保障失地农民的卫生保健水平和基本生活水平,为失地农民人力资源的再生产和就业提供基本保障。

4.2 提高失地农民自身综合素质

根据前文安阳高新区失地农民就业影响因素重要性分析体系的结果知道,失地农民的技能水平、依赖思想和教育水平基本指标相对于总目标权重分别达到了0.12、0.09和0.06,在所有10个基本指标中分别居第3位、第4位和第6位,见表3.4和表3.10。因而,提高失地农民专业技能水平、转变依赖思想和提高他们的教育水平是解决失地农民就业问题的重要措施之一。

4.2.1 提高安阳高新区失地农民技能水平的对策

提高安阳高新区失地农民技能水平的方式有以下几种。首先,失地之前和失地之后,借助安阳高新区的安阳师范学院和安阳工学院的师资、专业和

[①] 四川全省范围推行失地农民失业保险属全国首创,http://news.sohu.com/2004/06/29/21/news220762172.shtml。

设备等资源优势，进行失地之前的转岗技能培训和失地之后的定期和不定期的技能提高培训；其次，对于已经就业的失地农民，为了提高其就业的质量和稳定性，政府有关部门可以鼓励、支持、引导和配合企业，进行失地农民在岗和脱岗等多种形式、针对实际工作的技能培训，企业实行一对一师傅带徒弟和批量、集中等形式的技能培训；最后，对于有愿望主动提高自己技能水平的失地农民，尤其是35岁以下的失地农民来说，政府应该鼓励他们走出去、引进来。走出去学习先进技术，引进来技术及先进的管理经验。无论哪种方式，政府的政策资金支持、制度规范和观念引导都是必不可少的。

4.2.2 转变安阳高新区失地农民的依赖思想

思想观念是决定失地农民就业意愿、就业意向及就业程度的重要因素。社会主义市场经济体制的基本确立，要求我们必须具有强烈的市场竞争意识。而失地农民失去土地以后还没有完全从小农意识中解放出来，对市场经济认识不到位，缺少危机感。失地农民认为是政府征用了自己的土地，政府就要帮"我"解决各种问题，存在等、靠、要的思想，失地农民受思想观念影响，就业过程中期待值比较高，高不成低不就，常常是"有人无事做，有事无人做"；一部分失地农民不愿意外出寻找工作，单等着政府为他们解决就业问题；也有部分人习惯农村种地的自由自在的生活方式，不能忍受工厂严格的规章制度约束，不愿意进厂当作业工人，宁愿在家等待寻找适合自己的工作。在调研过程中，我们还发现青年失地农民还普遍存在一种不正确的观念，那就是接受了培训之后，就要找一份报酬高、地位高、工作环境好的工作。转变失地农民的依赖思想观念，首先，要通过宣传教育培养失地农民的市场经济意识；其次，通过政府的集中培训和企业规章制度的学习，培养失地农民的规章制度意识，适合工厂企业的工作模式；最后，要使失地农民客观认识自身水平状况，了解安阳经济地区水平，正确看待工资水平的高低。

4.2.3 提高安阳高新区失地农民的教育水平

失地农民综合素质的提高，既包括技能教育也包括学历教育。除了技能教育，安阳高新区政府应该支持、鼓励、引导有条件、有愿望的失地农民参加各种形式的学历教育，以提高他们的综合素质。尤其对于30岁以下的失地农民，鼓励他们参加学历教育，学习先进知识经验、管理技术，形成多层次的就业梯队优势，减轻低层次岗位就业压力过大的劣势。对于失地农民鼓励他们既可以在本地参加学历教育,有水平的也可以去外地参加学历教育;既可以参加自考学历教育,也可以参加夜大、函授大学和成人大学等形式的学历教育;既可以在职也可以脱产参加学历教育。政府可以制定政策给予有差别的资金补贴。

资金是提高失地农民自身综合素质的"瓶颈"和关键因素。解决资金的途径主要有以下几种方法。首先,政府作为社会公平、稳定、和谐发展的主要责任角色,对于失地农民就业有着不可推卸的责任,因而在资金解决上,政府应该承担必不可少的责任,政府可以主导成立失地农民就业培训基金,做到专款专用,资金来源主要以财政补贴为主和企业赞助为辅。其次,失地农民个人作为就业培训教育的直接受益者,也具有资金承担责任。最后,安阳高新区的企业作为用人单位,对于本单位岗位技能的培训教育,也是直接的受益方,所以企业也有资金承担的责任。

4.3 发展高新区地方经济,提升企业吸纳就业能力

奥肯定律表明,持续发展的区域经济是实现失地农民充分就业的重要途径,经济快速发展可以提供大量工作岗位,明显降低失业率。国际上大多数国家的经济实践也证实,失业率和国内生产总值(GDP)的增长率之间反向相关。国内生产总值(GDP)每增长2个百分点,对应的失业率就会下降1个百分点,即使这种对应关系并不完全准确,但可以说只要经济体量大,能吸收消化的劳动力就多;只要经济增长快,每年能额外创造的就业岗位就多,进而才能吸收更多的失地农民就业。并且,通过地方经济的快速发展,欠发达地区地方政府也会获得更多的财税收入,有能力制定更多就业保障机制,采取更多工作措施促进失地农民就业问题解决。但需要注意的是,发展经济不能片面只关注经济增长率,这是当前我国欠发达地区中小城市发展的通病,以至于出现经济有增长、就业人数却下降的奇怪现象,究其原因,就是发展观念存在偏差。一方面,地方执政者滞后的经济增长理念,选择性忽视了群众充分就业对经济社会长久发展的稳定性支撑作用,普遍存在片面关注国内生产总值(GDP)的增长,对就业增长关注不够的现象。很多欠发达地区中小城市不重视能够吸纳大量人口就业的三产服务业发展和劳动密集型中小企业,只关注所谓的"招大引强",只重视能够体现政绩的大项目、行业龙头企业。另一方面,错误地认为劳动成本低是促进就业的有利因素,

工业化能够自动促进就业等,没有从深层次考虑低水平劳动力成本会造成群众消费水平不高、产业结构优化升级动力不足,更会导致群众就业机会的减少。由此可见,只有实事求是、树立正确的发展理念,才能实现经济发展与就业增长相互促进,才能彻底解决城镇化进程中的群众就业问题。综上所述,结合前期调查情况,笔者认为,为推进失地农民就业问题的解决,发展地方经济是根本举措,也是长远战略。经济因素中的企业吸纳能力、经济结构和经济发展水平等基本指标相对于总目标权重分别为 0.09、0.05 和 0.02,在所有 10 个基本指标中分别居第 4 位、第 7 位和第 9 位,见表 3.4 和表 3.10。因而,提高企业吸纳劳动力的能力对于解决失地农民就业有着相当重要的作用。

首先,扶持安阳高新区中小企业的发展。安阳高新区进驻的企业多以高新技术企业为主,他们吸收劳动力具有数量少、要求素质高的特点。而中小企业具有经营灵活、就业吸纳力强的特点。随着我国个体私营经济的快速发展,个体私营经济已成为我国增加就业岗位、拓宽就业门路的主要渠道。截至 2016 年 6 月底,私营企业和个体工商户从业人员分别达到 7681.1 万人和 5612.4 万人,比上年同期分别增长 5.1% 和 1.96%。[①]

其次,大力扶持社区发展集体经济。社区集体经济主要以服务业为主,吸纳劳动力的能力也较高,技术企业强,可以为社区就业注入重要的活力。随着安阳高新区的发展,社区服务业会越来越发达。政府在社区服务业方面的作用要充分发挥,创造有利的环境条件,引导社区发展集体经济,增强吸纳劳动力的能力和容量。这应该成为吸纳失地农民就业的一个重要方向。

再次,发展第三产业。第三产业又称服务业,是增加就业人口的一个重要产业,包含生活性服务业、科教文卫等社会事业及政府公共服务等。随着我国经济发展进入新常态,服务业成为转变经济增长方式的重要突破口。自 2012 年 GDP 中三次产业的比例关系由 "二三一" 变为 "三二一" 后,2015 年服务业比重进一步增至 50.5%,成为支撑经济增长的新动力。由于产业部门是就业的载体,服务业的快速发展必然引发就业结构变动。据国内学者研究:"我国经济每增长一个百分点,第二产业只能带动 17 万人就业,而第三产业可以带动 85 万人就业。"当前,世界头号强国美国第三产业就业

---

① 我国个体私营经济领域就业人数突破 1.3 亿人,http://www.jste.gov.cn/gdzxqy/110132878.htm。

第四章 解决安阳高新区失地农民就业的对策建议

比重、产业比重均达到了80%，其他发达国家也基本上达到了60%~67%。我国直到2013年第三产业比重才首次超过制造业，达到46.1%；截至2017年年末，全国就业人员共7.76亿人，其中，第一产业就业人员占比27%，第二产业就业人员占比28.1%，第三产业就业人员占比44.9%。由此可见，第三产业吸引就业人员是最多的，故此欠发达地区想要扩大就业，应优先大力发展能够带动大量就业的第三产业，而且部分服务业并不要求太高的专业技能，十分适合失地农民就业。所以，各级政府应结合当地实际，制定三产服务业发展扶持政策，改变失地农民观念，引导其在三产服务业就业。

最后，鼓励失地农民灵活就业。安阳高新区政府对于在资金、技术等方面条件都具备的失地农民，应该在政策方面鼓励、支持他们灵活就业。政府要引导并充分发挥自主创业在增加就业机会中的作用。这样不仅解决了个人的就业问题，还可以带动一部分人就业。因而失地农民自主创业是以创业促就业、解决失地农民就业问题的一种创新形式。规范非正规就业就是在"非正规部门"就业。非正规就业是吸引劳动力强，具有较大灵活性解决失地农民就业的有效途径。社会经济的周期性波动，也为非正规就业提供了岗位空缺。从长远来看，非正规就业尽管不是一种理想的就业状态，但却能给失地农民争取就业与生存提供一种简捷的途径。同时，非正规部门就业的失地农民社会保障还需要通过政府的相关配套政策制度加以规范和引导。

4.4 鼓励失地农民自主创业

近年来，我国就业形势仍然面临诸多挑战，主要表现在三个方面。一是就业总体形势依然严峻，人口红利的逐渐消失并未使我国就业形势得到根本好转，在相当长一段时间内，劳动人口供大于求、就业结构不够协调、就业观念陈旧等问题，导致我国仍然面临严峻的就业形势。二是就业结构性矛盾突出。由劳动力市场与产业结构的不相匹配导致的劳动力市场供求结构失衡，进而导致的结构性失业依然存在。大学生就业难、农民工招聘难的"两难"现象同时存在，这是我国就业结构性矛盾的突出表现。三是就业方式发生显著变化。众包的兴起，促使大型公司小型、微型化发展，有利于解决一部分人的就业；互联网的全面普及和高速发展，为个人就业提供了多种多样的选择，基于互联网的个性化就业方式有电子商务营销、网络编辑、自媒体运行、网络主播等；大众的就业观念也在逐步发生变化。面对我国经济新常态和就业形势出现的新变化，促进就业的思路和载体也需要不断拓展和创新，以创业带动就业是可行之道。2014年的政府工作报告提出"促进创新引领创业，创业带动就业"，进一步明确了政策鼓励的方向。2015年，全国两会又提出了升级版的"大众创业，万众创新"，集各方力量大力开展"双创"工作。随后，一系列创新创业扶持政策陆续出台，表明在实践层面已充分认同创业带动就业的作用，宽松的政策环境也促进了我国近年来的创业实践活动越来越活跃。

创业是就业的源头，没有创业就没有就业，与其让失地农民搭别人创业的"顺风车"，用他人创业产生的就业岗位就业，不如采取针对性的措施，制定相关创业帮扶保障政策，这样不仅能够解决其本身就业，也能够带动其他失地农民就业。更重要的是，如果创业成功，不管是作为企业管理者的失地农民企业家，还是作为企业员工的其他失地农民，都更有"主人翁"意识，进而更好地做大做强企业。对于如何推进失地农民创业，笔者有以下三方面的建议。

一是构筑创业政策保障体系。农民虽然是农业领域的专家能手，但失去土地后在其他领域开展新的事业势必有很多困难，前期缺乏政策保障，后期缺乏技术指导。所以，为保障失地农民敢创业、能创成，从创业的前期、初期、中期3个时间段因地制宜采取针对性政策，提供切实的帮助。首先，在失地农民创业前期，应从不同方面、多个层级制定相应法律法规，为失地农民设计一套涵盖企业登记注册、土地、资金、税务、培训等诸多领域的政策保障体系，为其创业铺垫道路。其次，在创业初期帮助指导失地农民进行市场调查，制定有针对性的培训内容，可以探索推广失地农民技术学习培训班，采取多种技术、多个班次、人数较少的"两多一少"培训班制度，使失地农民了解新技术、掌握新技术、运用新技术，彻底解决失地农民在创业过程中碰到的技术难题。最后，在创业中期打造贯穿失地农民创业全过程的服务体系，加强技术指导、产品质量监督、市场调研反馈、市场发展预期等方面的帮扶，使失地农民对能够结合市场变化、客户需求进行产品方面的优化升级，保障创业效果。

二是建立创业帮扶资金保障机制。失地农民普遍生活贫困，大部分农民会将数额不多的补偿款用于偿债、婚嫁和消费等方面，而不是用于就业、创业培训等教育培训，更没有创业必需的启动资金。随着经济的发展，生产资料成本不断上升，失地农民在创业前期面临着资金急缺的境地。为突破该难题，第一，应加大失地农民创业贷款支持力度，降低贷款门槛，加大政策性援贷资金和财政资金拨付力度，向金融机构提供利息补贴，减免失地农民贷款利息。第二，由政府发动公益性基金、国有企业和担保中心等，为失地农民向银行等金融机构提供信用担保，提高首次或二次贷款额度。第三，对于创业顺利并吸收大量其他失地农民就业的企业，提供政策性奖励资金，以奖代补促进其更好发展；由政府建立专项帮扶过桥基金，为创业过程出现困难的农民发放帮扶资金，帮助其渡过难关。

三是优化创业环境。为促进失地农民创业可持续发展，优化完善失地农民的创业环境十分重要。第一，建立失地农民创业绿色通道，整合相关部门职能，集中办公地点，在"放管服"改革工作中适当考虑对失地农民企业办证、办事简化办理流程，提供便利政策；结合"扫黑除恶"行动，对针对失地农民等弱势群体敲诈勒索、阻挠施工等的黑恶势力，严厉打击、从重从严顶格处理。第二，组织人社、工商等部门建立长效机制，增强失地农民创业业务与政策指导力度，不断解决农民工创业过程中遇到的各种问题，促进相关企业更好地发展。第三，加强对失地农民企业产品质量监督，提高产品质量水平，并利用政府平台扩大失地农民创业企业产品知名度，帮助其赢得更大的市场。

4.5 培育失地农民就业环境适应的心理调适氛围

一是作为失地农民本身来说，从心理层面要主动适应新的就业环境。居住在农村的村民主要靠土地吃饭，土地也是给他们提供就业机会的途径。因此，许多失地农民在失去土地后便会面临失业，甚至无所适从，不知未来生活方向，也有的失地农民因为得到的补偿而迷失自我，认为从此衣食无忧，总之，失去土地后对农民带来的心理转变历程使他们陷入了各种不适应中。他们往往在面对就业时缺乏对就业市场的意识，对市场上的各种招工要求也容易产生排斥，这将会严重影响失地农民社会适应的有效性。在法律、政府、社区提供的大范围中，失地农民应尽快明确自己的当前情况，思考未来长期的发展，转变"只有靠地才能吃饭"的观念，明确就业有多种途径而非种地一种，应根据自己的条件、经验主动走向就业市场，端正心态，坚持自立自强的精神，树立与市场经济适应的择业观，做好吃苦准备，抓住政府、社区等主体提供的就业机会，树立正确信念，积极主动地在此过程中适应社会，完成失地农民的再社会化过程。

二是社区建设帮助失地农民尽快适应社区的就业环境。社区建设，主要是依靠社区力量，利用社区资源，强化社区功能，解决社区问题，从而促进社区健康发展的过程。因此，社区建设的实质就是社区资源和社区力量的整合过程，即将社区中的所有资源、所有力量拧成一股绳，形成合力来共同建设社区。在失地农民居住的社区中，如何将其力量凝聚起来，并用社区中的资源，解决失地农民在社会适应中遇到的诸多问题，是失地农民社区建设的关键所在。

首先，社区组织建设主要指社区中的各种组织在社区发展过程中的角色、作用、进展与完善情况，它应该包括正式组织（如社区居民委员会）及其他非正式组织。失地农民社区组织建设主要是指失地农民社区组织和失地农民的文娱组织。在社区建设的过程中，社区组织的角色与承担的责任不可忽略，失地农民在新社区中能否尽快适应，社区组织发挥着重要作用。社区组织掌控着政府提供给该社区建设所需要的资源，这些社区资源经过社区组织进行配置，以建设社区基础设施、公共设施、提供社区服务等。也正是因为社区组织的这种作用，一旦社区组织在资源配置过程中缺少公平、效率等科学性，将使失地农民在新社区的适应能力大打折扣。因此，促进失地农民社会适应，必须加强社区的组织建设。

其次，社区文化建设与失地农民社会适应。失地农民从农村社区进入城市社区，居住方式改变了传统的交流方式，社区认同感与归属感也发生了改变。而社区文化作为一种"软实力"具有潜移默化的影响功能，通过社区文化能够有效地促进失地农民融入社区生活、对社区产生认同感与归属感。良性的社区文化能够促进失地农民融入城市社区生活氛围中，增强社区意识而社区文化欠缺则会消减社区凝聚力，难以促进失地农民社会适应。由此可见，社区文化建设在失地农民适应过程中至关重要。例如，定期组织群众性的文化娱乐活动，如组建秧歌队、腰鼓队，通过举办活动，将活动照片、海报等资料在社区内进行宣传。在活动过程中，有利于失地农民在新社区中拓宽人际网络，增进情感交流，从而增强对社区的认同。

最后，社区环境建设与失地农民社会适应在承载各种功能的农村社区消失之后，城市社区应该发挥社区的各种功能，为失地农民营造一种良好的社区环境，促进失地农民的社会适应。①加强社区基础设施建设。社区基础设施建设是失地农民适应社区环境的基本内容，它关系着失地农民能否在新社区中顺利开展日常的基本活动。在调查中得知，失地农民搬入社区居住后很少串门，平时也就是在社区里走走，因此公共活动空间等基础设施在给失地农民提供交往空间的过程中是必不可少的，应保证公共场地，如广场、体育场等基础设施的建设，便于失地农民的交流。②完善社区相关配套设施。应建立配套的幼儿园、小学等教育设施，教育关系着失地农民子女的发展和社会化，社区具备教育设施也是社区在一定程度上为失地农民提供方便的重要指标之一。教育设施应对该社区的失地农民设置优惠条件，从而为失地农民子女的幼年教育提供方便与有利条件，为失地农民解决子女上学不方便的问题，促使其尽快适应新环境。③加强物业管理。保证社区的环境卫生与治安良好，且对失地农民的物业交费采取降低或免收的优惠政策。居住在农村、从不需交物业费的失地农民在搬入社区后如果需要交大笔物业费，不仅给失地农民的经济生活带来困境，也会给其造成心理失衡与巨大的心理落差，对社区失去认同感。以上关于社区环境建设的措施会有利于失地农民对新社区的适应。

4.6 构建保障安阳高新区失地农民就业的长效机制

要充分保障安阳高新区失地农民的就业，必须构建失地农民就业的长效机制。机制就是制度加方法或者制度化了的方法。机制涵盖制度，制度不等于机制。制度是人们办事的规矩，机制是能够促使人们遵守这些规矩的方式方法，并且这些方式方法也是按规矩进行的。建立起机制才能够保证好的制度得以贯彻执行，并且不会因为人员的流动而使这些方法流失，从而使这些制度能长期起作用，即建立起长效机制。制度比机制更容易建立起来，但只有长效机制的建立才能够保证它的落实和发挥作用。

4.6.1 建立失地农民征地补偿及安置就业的听证程序

听证程序是指国家机关做出决定之前，给利害关系人提供发表意见提出证据的机会，对特定事项进行质证、辩驳的程序，其实质是听取利害关系人的意见。行政机关做出影响行政相对人权益决定前，有义务告知相对人决定的理由和获得听证人的权利，行政相对人有权就事实和适用法律表达意见、提供证据，行政机关有义务听取和接纳，通过公开、民主的方式达到正确实施行政行为的目的。政府征用或征收农民土地，举行听证程序要贯穿征地始终，从征地前到征地中再到征地后;要体现在征地的各个方面,从征地性质和范围到征地补偿标准再到征地安置方式。以确保失地农民的合法权益不受侵犯。

在安阳高新区的失地农民调查当中,失地农民反映安阳高新区从征地补偿到安置从来没有举行过听证会,而失地农民也从来不知道什么是听证会。失地农民普遍认为土地征用权在国家手里,失地农民根本没有办法阻止征用,所以听证不听证也没有多大用处。当被问到自己的权益受到损害时如何解决,大多说是找村干部、区政府或者是上访闹事。失地农民普遍反映每亩1.7万元的一次性补偿费用低,但是没有办法。这说明安阳高新区失地农民权益受到了损害,但是由于话语权的丧失,使得他们没有呼吁和反馈的渠道,也造成了信息沟通的不畅。

安阳高新区建立失地农民征地补偿、就业安置听证程序,政府必须树立服务理念,使听证程序从听证的内容到信息的沟通和反馈形成良性运行机制。举行失地农民听证程序的内容主要包括征地用途、征地补偿、征地后失地农民的就业安置和社会保障等内容。举行失地农民听证程序要注意把握以下几个原则。①公开原则。公开是听证程序顺利进行的前提条件,也是防止用专横的方法行使权力的有力保障。最重要的是在听证开始阶段就应当向当事人公开有关材料,允许他在决定做出之前为自己辩解,避免被调查人"处于黑暗之中"。[①] ②职能分离原则。职能分离原则是指在听证过程中从事裁决和审判型听证的机构或者人员,不能从事与听证和裁决行为不相容的活动,以保证裁决公平。③事先告知原则。该原则主要解决告知的对象、告知的时间、告知的内容、告知的方式这4个问题。听证前的告知通常采用3种方式:一是书面直接送达,二是邮寄告知,三是公告送达。

4.6.2 创新失地农民就业纠纷解决的有效途径

安阳高新区失地农民就业问题的纠纷是征地中发生的经常性矛盾。这种矛盾又是安阳高新区政府与农民之间的特殊的民事关系矛盾,应采取有效的多种途径予以缓解、化解和解决。对于失地农民的就业培训、补偿标准、社会保障等纠纷,主要是政府和失地农民之间的矛盾,同时也有失地农民和企业及其他社会组织之间的矛盾,要解决好这些纠纷和矛盾,必须建立有效的

---

① MARGARET ALLARS. Introduction to Australian administrative law [M]. Sydney: Butterworths, 1990: 265.

长效解决机制。目前，解决征地安置补偿纠纷的合法有效途径有4种：一是信访；二是申请行政复议；三是申请协调和裁决；四是向法院提起诉讼。此外，北京、上海等地又开辟了一条新的途径——律师中介参与协调的新形式，即律师作为中介方参与协调政府与征地农民的这对特殊民事关系主体矛盾的冲突，律师以政府应依法行政与农民应依法维权为准则进行协调，以非诉平和的方式解决补偿安置纠纷，预防矛盾激化于未然。

由此借鉴，安阳高新区政府在引导失地农民利用常用的4种合法有效途径——信访、申请行政复议、申请协调和裁决、向法院提起诉讼来解决失地农民安置纠纷外，安阳高新区政府还可以引进中立的律师事务所、资产评估所等中介组织及法制研究的学术社团组织参与征地补偿安置、就业、社会保障等争议的协调解决，以公开、平等、和谐的方式化解各种矛盾，对这种创新的途径，许可的条件下可以依法予以确认。总之，要不断探索，多方位、多层次、多形式解决安阳高新区失地农民就业相关问题的纠纷解决机制，建立具有当地特色的失地农民就业问题纠纷协调解决长效机制。

4.6.3 完善失地农民就业制度及社会保障制度的监督机制

监督机制是各项制度得以落实顺利运行的有效保障。加强对安阳高新区失地农民就业制度的监督机制和力度，建立和完善征地合法性、失地农民就业制度和社会保障制度实施的调查和监督机制，保障失地农民的各项权益。

安阳高新区政府完善对失地农民就业制度、社会保障制度的监督机制必须做到以下几点。首先，公开征地批准事项。经依法批准征收的土地，相关部门应按照《征用土地公告办法》规定，在被征地所在的村、组公告征地批准事项。其次，监督征地补偿安置费用的支付。在征地补偿安置方案经安阳市人民政府批准后，应按法律规定的时限向被征地农村集体经济组织拨付征地补偿安置费用。安阳高新区主管部门应配合农业、民政等有关部门对被征地集体经济组织内部征地补偿安置费用的分配和使用情况进行监督。最后，征地被批准后，安阳高新区相关部门应根据监督程序的规定，监督检查失地农民就业制度和社会保障制度的执行情况，确保失地农民和城镇居民享有同等的就业和社会保障条件，实现城乡统一的劳动就业制度和社会保障制度。因征地确实导致被征地农民原有生活水平下降的，安阳高新区政府有关部门，应该切实采取有效措施，多渠道解决好被征地农民的生产生活，维护社会稳定。

第五章　结论与展望

5.1　主要结论

　　城市化和工业化是社会历史发展不可逆转的必然趋势，伴随着城市化出现的失地农民也是客观的历史过程。本书分析了安阳高新区失地农民就业问题的现状与问题，建立了失地农民就业影响因素重要性分析体系，针对现状和问题及影响因素重要性分析的结果，提出了解决安阳高新区失地农民就业问题的对策建议。以政府主导建立保障失地农民就业的劳动就业制度和社会保障制度；提高失地农民自身综合素质，促进其就业；提高企业吸纳劳动力的能力，扶持中小企业的发展，大力扶持社区发展集体经济，鼓励失地农民自由择业、自主创业。将失地农民的就业保障制度建设成为面向所有失地农民的新型就业保障制度，并与城镇的就业保障制度保持有机的衔接，使之既符合当前失地农民的实际情况，促进他们就业，又能有效地维护社会稳定和谐，推进城市化进程的健康、协调发展。

　　解决失地农民就业问题，政府处于主导地位，决定着制度机制的建立和完善；失地农民起着重要作用，作为就业的主角，既是被动失地者又是就业的主动者，在就业过程中失地农民必须努力提高自身综合素质、转变观念，变被动为主动适应时代发展和市场经济发展的要求；企业和其他社会组织作为失地农民就业问题的重要参与者，必须承担起应有的社会责任，为失地农民的就业和自身的长远发展创造和谐稳定的社会环境做出自身的贡献。

5.2　研究展望

　　失地农民就业问题是当前中国社会发展中的老大难问题，同时它又是一项系统的工程，影响失地农民就业的因素是多方面的、不断变化的，进一步探寻解决失地农民就业的路径也是一个持续不断的过程。笔者认为，以后的

第五章 结论与展望

研究重点应着眼于失地农民培训制度和就业制度的执行监督与信息反馈上，一是保证失地农民培训制度和就业制度的有效执行；二是及时解决出现的损害失地农民权益的相关问题，确保失地农民生产和生活稳定。

2018年中央一号文件《中共中央 国务院关于实施乡村振兴战略的意见》指出，坚持城乡融合发展。到2020年，乡村振兴取得重要进展，制度框架和政策体系基本形成；到2035年，乡村振兴取得决定性进展，农业农村现代化基本实现；到2050年，乡村全面振兴，农业强、农村美、农民富全面实现。优先发展农村教育事业；促进农村劳动力转移就业和农民增收。健全覆盖城乡的公共就业服务体系，大规模开展职业技能培训，促进农民工多渠道转移就业，提高就业质量。在过去的几年里，各地休闲农业和乡村旅游安排了大量的农民务工，解决了部分家庭的贫困问题，为国家排忧解难起到了积极的作用。将来产业扶贫更是需要这些经营主体来带动，通过这些经营主体改变贫困家庭中，只靠输血的依赖思想转化到就职于这些经营主体有一个长期的职业保障而自己造血。对贫困户起到了扶贫、扶志和扶智的作用。因为这些将得到国家很大力度的政策倾斜。必须多渠道促进失地农民就业，加强对失地农民的就业培训，在贷款、税收、场地等方面对自谋职业和自主创业的失地农民提供优惠政策。这为我们后续的相关研究提供了更多的研究思路，同时也为失地农民就业问题的解决提供了强有力的政府政策支持。

失地农民就业问题是一个复杂、动态、牵涉面广而又影响深远的问题，本书研究仅以安阳高新区为例，提出的促进失地农民就业对策建议，具有地区和数据资料的局限性，如何使之适合于其他地区是一个有待进一步研究的课题。本书提出的解决失地农民就业问题的对策建议也具有地区的局限性，由于各地政治、经济、社会文化、风土习惯等方方面面的差异，也就决定了不能完全照搬这些建议措施，而必须分析各地的实际情况和地区差异，提出具有当地特色、符合当地条件的促进失地农民就业的对策建议。同时，也由于本人学术水平有限，对有些问题的认识还比较肤浅，不可能对失地农民就业问题做全面、透彻的研究，所以本书还存在很多不足之处，这也为以后进一步研究提供了足够的空间。

附录 A　安阳高新区失地农民就业情况调查问卷

先生/女士：

您好！我是河海大学的研究生，在写作有关安阳高新区失地农民就业问题研究的本书，希望通过调查问卷收集第一手的数据资料，也希望通过研究能为您提供一些帮助。非常感谢您的配合！

1. 您的性别：□男　□女（请在方框中画"√"号）
2. 您的婚姻状况：□已婚　□未婚
3. 您的年龄：_____
4. 您的文化程度：□小学以下　□小学　□初中　□高中
　　　　　　　　□大学及以上
5. 您的技能情况：□无　□有：□修理　□绿化　□水电技术
　　　　　　　　□木工　□家政服务　□电焊　□瓦工
　　　　　　　　□电脑打字　□烹饪　□其他
6. 您现在有无职业：□无　□有_____
您认为您目前的工作是否稳定：□稳定　□不稳定
7. 您求职过程中遇到的主要困难：□年龄大　□缺乏技能
　　　　　　　　　　　　　　　□学历偏低　□缺乏信息
8. 您就业单位的性质（可多选）：□制造业　□服务业　□国营
　　　　　　　　　　　　　　　□私营　□外资　□自谋职业
9. 您就业的主要方式：□亲朋好友介绍　□单位招工　□广告
　　　　　　　　　　□人才市场　□政府安置　□其他
10. 征地前后的职业变化：
征地前职业：□务农　□单位上班　□经商　□无业　□其他
征地后职业：□务农　□单位上班　□经商　□无业　□其他
11. 征地前后的月收入变化：
征地前月收入：□499元以下　□500～999元　□1000～1999元

附录 A 安阳高新区失地农民就业情况调查问卷

　　　　　　　　　□2000 元以上

征地后月收入：□499 元以下　□500~999 元　□1000~1999 元

　　　　　　　　　□2000 元以上

12. 征地后生活水平的变化：□上升　□略有上升　□下降

　　　　　　　　　　　　　　□明显下降

13. 安置方式：□货币安置　□就业安置　□留地安置

14. 政府所支付给您的安置补偿费为：每亩_____元

15. 您从事职业的工作性质：□正式工　□合同工　□临时工　□其他

16. 您对当前工作的满意程度：□非常满意　□满意　□不太满意

　　　　　　　　　　　　　　□很不满意

17. 您是否参加过就业培训：□是　□否

18. 就业培训的组织者：□政府补贴　□企业出资　□自己出钱

　　　　　　　　　　　□其他

19. 您认为培训有用吗：□有　□无　原因是：_____

20. 您是否参加社会保险：□是　□否

21. 如果您参加了社会保险，请您选择参加社会保险的类型：

□养老保险　□医疗保险　□失业保险　□最低生活保障　□商业保险

□其他

22. 您的社会保险资金来源：□集体　□个人　□政府　□土地补偿

附录 B　安阳高新区失地农民就业状况访谈提纲

一、对失地农民个人的访谈提纲

1. 对征地的态度；
2. 征地之后获得补偿的情况；
3. 对就业的看法及自己的就业状况；
4. 对失地农民就业政策的了解情况；
5. 提出就业培训看法；
6. 参加社会保险的看法；
7. 对征地和就业有什么看法和建议。

二、对当地的高新区政府干部、村委会干部的访谈提纲

1. 征地情况和补偿情况；
2. 失地农民就业的基本情况；
3. 政府有哪些就业政策和制度；
4. 失地农民就业的培训情况；
5. 失地农民的社会保障情况；
6. 有关失地农民就业的经验及存在的问题。

附录 C　德尔菲法（Delphi）

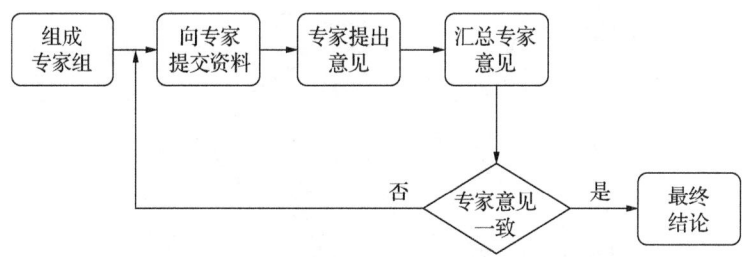

图 C-1　德尔菲法（Delphi）的流程与步骤

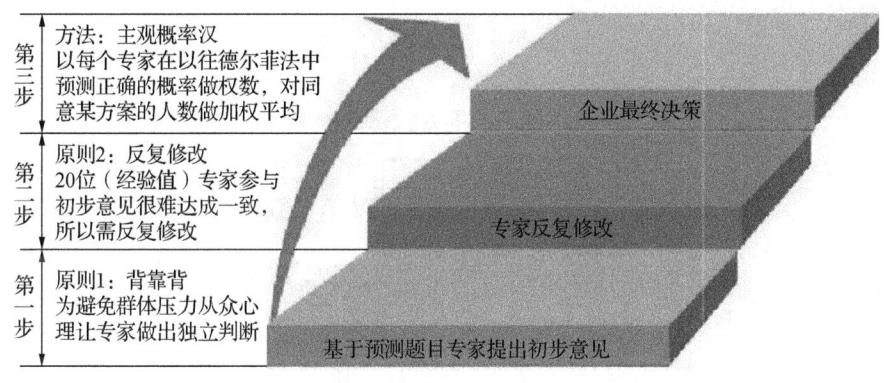

图 C-2　德尔菲法（Delphi）的原则与方法

附录 D 层次分析法（AHP）

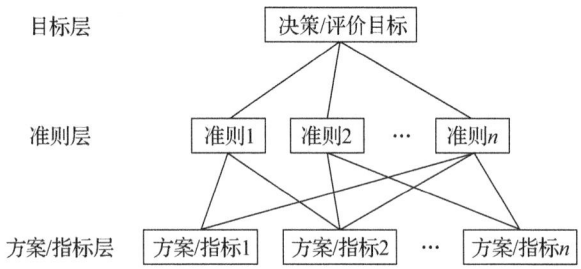

图 D-1 层次分析法（AHP）的框架和思路

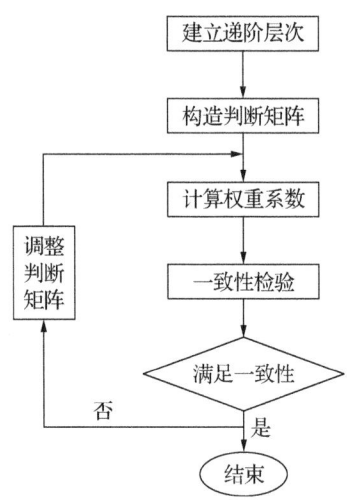

图 D-2 层次分析法（AHP）的流程

附录 E 安阳高新区失地农民就业影响因素重要性分析体系各个指标间相对重要性调查表

_____:

您好！

本调查表的目的在于确定安阳高新区失地农民就业影响因素重要性分析体系中各个指标之间的相对重要性，以计算出各重要性分析指标的权重系数。

非常感谢您在百忙之中给予的大力支持和帮助！

本调查表中指标之间的相对重要性采用 1~9 的标度，数字所表示的意义见表 1。

表 1 标度含义

标度	含义
1	表示两个因素相比，具有相同重要性
3	表示两个因素相比，前者比后者稍重要
5	表示两个因素相比，前者比后者明显重要
7	表示两个因素相比，前者比后者强烈重要
9	表示两个因素相比，前者比后者极端重要
2, 4, 6, 8	表示上述相邻判断的中间值

表 2

	农民自身因素 B1	制度因素 B2	经济因素 B3
农民自身因素 B1	1		
制度因素 B2		1	
经济因素 B3			1

表 3

	技能水平 C11	依赖思想 C12	教育水平 C13	性别年龄 C14
技能水平 C11	1			
依赖思想 C12		1		
教育水平 C13			1	
性别年龄 C14				1

表 4

	劳动就业制度 C21	就业培训制度 C22	失业保障制度 C23
劳动就业制度 C21	1		
就业培训制度 C22		1	
失业保障制度 C23			1

表 5

	经济发展水平 C31	经济结构 C32	企业吸纳能力 C33
经济发展水平 C31	1		
经济结构 C32		1	
企业吸纳能力 C33			1

附录 F 安阳市高新技术产业开发区 2014 年土地利用现状表

地类			面积/公顷	占总面积比例
农用地	耕地	水浇地	402.69	13.13%
	园地		1.37	0.04%
	林地		0.00	0.00%
	其他农用地		24.28	0.79%
	小计		428.34	13.97%
建设用地	城乡建设用地	城镇工矿用地	城镇用地	1666.43	54.34%
			采矿用地	0.00	0.00%
			其他独立建设用地	0.00	0.00%
			小计	1666.43	54.34%
		农村居民点用地	489.83	15.97%
		小计	2156.26	70.31%
	交通水利及其他建设用地	交通水利用地	408.06	13.31%
		其他建设用地	9.27	0.30%
	小计		2573.59	83.92%
其他土地	水域		64.47	2.10%
	自然保留地		0.44	0.01%
	小计		64.91	2.12%
合计			3066.84	100.00%

附录 G 安阳市高新技术产业开发区土地利用结构调整表

<table>
<tr><th colspan="3" rowspan="2">地类</th><th colspan="2">2014 年</th><th colspan="2">2020 年（调整后）</th><th rowspan="2">规划期内
增（＋）
减（－）/
公顷</th></tr>
<tr><th>面积/
公顷</th><th>占总面积
比例</th><th>面积/
公顷</th><th>占总面积
比例</th></tr>
<tr><td rowspan="5">农用地</td><td>耕地</td><td>水浇地</td><td>402.69</td><td>13.13%</td><td>0.00</td><td>0.00%</td><td>-402.69</td></tr>
<tr><td colspan="2">园地</td><td>1.37</td><td>0.04%</td><td>0.00</td><td>0.00%</td><td>-1.37</td></tr>
<tr><td colspan="2">林地</td><td>0.00</td><td>0.00%</td><td>0.00</td><td>0.00%</td><td>0.00</td></tr>
<tr><td colspan="2">其他农用地</td><td>24.28</td><td>0.79%</td><td>0.00</td><td>0.00%</td><td>-24.28</td></tr>
<tr><td colspan="2">小计</td><td>428.34</td><td>13.97%</td><td>0.00</td><td>0.00%</td><td>-428.34</td></tr>
<tr><td rowspan="8">建设用地</td><td rowspan="6">城乡建设用地</td><td>城镇用地</td><td>1666.43</td><td>54.34%</td><td>2095.21</td><td>68.32%</td><td>428.78</td></tr>
<tr><td>城镇
工矿
用地 采矿用地</td><td>0.00</td><td>0.00%</td><td>0.00</td><td>0.00%</td><td>0.00</td></tr>
<tr><td>其他独立
建设用地</td><td>0.00</td><td>0.00%</td><td>0.00</td><td>0.00%</td><td>0.00</td></tr>
<tr><td>小计</td><td>1666.43</td><td>54.34%</td><td>2095.21</td><td>68.32%</td><td>428.78</td></tr>
<tr><td>农村居民点用地</td><td>489.83</td><td>15.97%</td><td>489.83</td><td>15.97%</td><td>0.00</td></tr>
<tr><td>小计</td><td>2156.26</td><td>70.31%</td><td>2585.04</td><td>84.29%</td><td>428.78</td></tr>
<tr><td colspan="2">交通水利及
其他建设用地 交通水利
用地</td><td>408.06</td><td>13.31%</td><td>408.06</td><td>13.31%</td><td>0.00</td></tr>
<tr><td colspan="2">其他建设
用地</td><td>9.27</td><td>0.30%</td><td>9.27</td><td>0.30%</td><td>0.00</td></tr>
<tr><td colspan="3">小计</td><td>2573.59</td><td>83.92%</td><td>3002.37</td><td>97.90%</td><td>428.78</td></tr>
<tr><td rowspan="3">其他土地</td><td colspan="2">水域</td><td>64.47</td><td>2.10%</td><td>64.47</td><td>2.10%</td><td>0.00</td></tr>
<tr><td colspan="2">自然保留地</td><td>0.44</td><td>0.01%</td><td>0.00</td><td>0.00%</td><td>-0.44</td></tr>
<tr><td colspan="2">小计</td><td>64.91</td><td>2.12%</td><td>64.47</td><td>2.10%</td><td>-0.44</td></tr>
<tr><td colspan="3">合计</td><td>3066.84</td><td>100.00%</td><td>3066.84</td><td>100.00%</td><td>0.00</td></tr>
</table>

附录 H 安阳市高新技术产业开发区耕地面积情况表

名称	2014年耕地面积/公顷	2015—2020年补充耕地面积/公顷				2015—2020年减少耕地面积/公顷				规划期间净增(+)净减(-)/公顷	规划期末耕地保有量/公顷
		土地整理	土地复垦	土地开发	其他	小计	建设占用	灾毁	其他	小计		
开发区	402.69						402.69	0.00	0.00	402.69	-402.69	0.00
前张村												0.00
三里屯												0.00
十里铺	2.29						2.29			2.29	-2.29	0.00
张七里店	2.81						2.81			2.81	-2.81	0.00
牛房	3.62						3.62			3.62	-3.62	0.00
魏家营	32.78						32.78			32.78	-32.78	0.00
后营							0.00					0.00
小吴村	0.46						0.46			0.46	-0.46	0.00

续表

名称	2014年耕地面积/公顷	2015—2020年补充耕地面积/公顷					2015—2020年减少耕地面积/公顷				规划期间净增（+）净减（-）公顷	规划期末耕地保有量/公顷
		土地整理	土地复垦	土地开发	其他	小计	建设占用	灾毁	其他	小计		
郭吴村	11.41						11.41			11.41	-11.41	0.00
许吴村							0.00			0.00	0.00	0.00
前定龙	10.07						10.07			10.07	-10.07	0.00
大定龙	8.90						8.90			8.90	-8.90	0.00
杜官屯	14.01						14.01			14.01	-14.01	0.00
中所屯	22.86						22.86			22.86	-22.86	0.00
小马屯	61.42						61.42			61.42	-61.42	0.00
王官屯	32.25						32.25			32.25	-32.25	0.00
小官庄	133.48						133.48			133.48	-133.48	0.00
北小庄	6.34						6.34			6.34	-6.34	0.00
跃进农场	59.99						59.99			59.99	-59.99	0.00

参考文献

[1] 杨涛,施国庆.我国失地农民问题研究综述[J].南京社会科学,2006(7):103-109.

[2] 赵锡斌,温兴琦,龙长会.对城市化进程中失地农民利益保障问题的思考[J].中国软科学,2003(8):158-160.

[3] 黄慧芳.论失地农民工作权保障[J].甘肃农业,2007(3):9-11.

[4] 马克思.资本论[M].北京:人民出版社,1975.

[5] 胡锦涛.深刻认识构建社会主义和谐社会的重大意义 扎扎实实做好工作 大力促进社会和谐团结[N].人民日报,2005-02-20(1).

[6] JOHN RAWLS. A theory of justice [M]. New York: Harvard University Press, 1999.

[7] NOZIK ROBERT. Anarchy, State, and Utopia [M]. New York: Basic Books, 1974.

[8] 万朝林.失地农民权益流失与保障[J].经济体制改革,2003(6):73-76.

[9] 徐琴.农村土地的社会功能与失地农民的利益补偿[J].江海学刊,2003(6):75-81.

[10] 石丽娟.建立失地农民生活保障制度途径[J].经济论坛,2005(14):108-109.

[11] 梁亚荣,万颖萍.对土地承包经营权应予以补偿:农村土地承包法对土地征用补偿的影响[J].中国土地,2003(4):9-12.

[12] 李斌,汤秋芬.从"迷茫性脱嵌"到"分化性嵌入":社会工作助推失地农民就业的研究[J].湖南大学学报(社会科学版),2018,32(6):124-131.

[13] 邵爱国,李锐,韦洪涛.失地农民再就业培训参与决策机制的探讨[J].苏州大学学报,2018,39(6):121-131.

[14] 马继迁.劳动力市场分割对失地农民就业的影响[J].华东经济管理,2017,31(12):178-184.

[15] 邓文,乔梦茹.社会支持体系对失地农民再就业的影响分析:基于湖北四市的调查数据[J].江汉论坛,2017(9):44-49.

[16] 贾辉.三维资本视角下失地农民非农就业扶助机制研究:基于对北京市大兴区的调研[J].经济社会体制比较,2017(5):84-96.

[17] 王一鸣,杨宜勇,史育龙,等.关于加快城市化进程的若干问题研究[J].宏观经济研究,2000(2):8-9.

[18] 张车伟. 城镇失业与扩大就业的政策思考 [J]. 湖南社会科学, 2004 (6): 52-59.

[19] 元露丰. 失地农民就业问题比较研究 [J]. 财经政法资讯, 2005 (4): 27-311.

[20] 社科院社会政策研究中心课题组. 关于加强失地农民就业和社会保障工作的建议 [J]. 中国社会学网, 2004 (1): 18.

[21] 吴婧. 失地农民的再就业困境及就业率提升的路径探索 [J]. 江苏社会科学, 2017 (3): 100-105.

[22] 杨波. 失地农民再就业培训需求调查与思考: 以河南省鄢陵县为例 [J]. 人民论坛, 2016 (31): 96-97.

[23] 贾凤伶, 李瑾, 陈丽娜. 基于AHP法的失地农民就业影响因素评价与对策 [J]. 江苏农业科学, 2016, 44 (7): 549-553.

[24] 王轶, 王琦. 新常态背景下特大城市失地农民的就业问题研究: 基于人力资本的视角 [J]. 当代财经, 2016 (5): 3-11.

[25] 刘伯正. 海淀区党政代表团赴浦东新区考察报告 [J]. 海淀研究, 2002 (3): 15-20.

[26] 张汝立. 从农转工到农转居: 征地安置方式的变化与成效 [J]. 城市发展研究, 2004 (4): 5-7.

[27] 郑丰田, 孙谨. 生存发展: 论我国失地农民创业支持体系的构建 [J]. 经济学家, 2006 (1): 54-61.

[28] 郑红君. 上海郊区工业发展的战略框架 [J]. 决策研究, 2003 (4): 8-12.

[29] 池晴媛. 我国失地农民社会保障体系的构建 [J]. 北方经济, 2006 (7): 29-30.

[30] 滨江区人事劳动和社会保障局, 浙江省劳动保障科学研究院, 浙江大学经济学院联合课题组. 滨江区农转非人员劳动就业调研报告 [C]//探索与创新——浙江省劳动保障理论研究论文精选 (第三辑). 杭州: 浙江省劳动和社会保障学会, 2003: 1-5.

[31] 顾吾浩. 农村城市化中的农民利益保护问题 [J]. 探索与争鸣, 1996 (10): 13-14.

[32] 吴翠萍. 失地农民中的女性再就业研究: 一个城郊村落的个案呈现 [J]. 人口与发展, 2013, 19 (5): 17-22, 88.

[33] 陈浩, 葛亚赛. 征地满意度、非农就业与失地农民市民化程度探析 [J]. 西北农林科技大学学报 (社会科学版), 2015, 15 (1): 65-71.

[34] 辛宇. 失地农民就业风险状况调研分析: 以济南市西郊被征地村落群为例 [J]. 农业经济, 2014 (9): 121-122.

[35] 阳盼盼. 少数民族失地农民就业问题研究: 以湖南为例 [J]. 贵州民族研究, 2014, 35 (3): 46-49.

[36] 吕文静. 发达国家农村富余劳动力转移经验及对中国失地农民就业的启示 [J]. 世界农业, 2015 (5): 162-166.

[37] 马隽. 社会排斥视角下的失地农民就业问题分析 [J]. 农业经济, 2016 (2): 73-74.

[38] 王晓刚. 人口城市化视阈下失地农民征地补偿与就业扶持的国际借鉴 [J]. 农林经济管理学报, 2015, 14 (6): 644-652.

[39] 马继迁, 郑宇清. 家庭禀赋如何影响就业？——对失地农民的考察 [J]. 华东经济管理, 2016, 30 (10): 116-122.

[40] 谷彦芳, 胥日, 徐紫怡. 河北省失地农民就业的制约因素与解决对策 [J]. 经济研究参考, 2017 (32): 17-22.

[41] 林汉川, 夏敏仁. 发展中国家剩余劳动力转移的三个模型探析 [J]. 数量经济技术经济研究, 2002 (5): 125-127.

[42] 靳希斌. 从滞后到超前: 20世纪人力资本理论·教育经济学 [M]. 济南: 山东教育出版社, 1995: 6-7.

[43] 亚当·斯密. 国富论: 上卷 [M]. 北京: 商务印书馆, 1979: 246-248.

[44] SCHULTZ T W. Investment in Human Capital [J]. American economic review, 1961 (51): 1-17.

[45] 舒尔茨. 论人力资本投资 [M]. 吴珠华, 等译. 北京: 北京经济学院出版社, 1990.

[46] 马克思, 恩格斯. 马克思恩格斯全集: 第30卷 [M]. 北京: 人民出版社, 1975: 608.

[47] 马克思, 恩格斯. 马克思恩格斯全集: 第23卷 [M]. 北京: 人民出版社, 1972: 669.

[48] 李佃来. 马克思正义思想的三重意蕴 [J]. 中国社会科学, 2014 (3): 5-16.

[49] 吴必康. 英国执政党与民生问题: 从济贫法到建立福利国家 [J]. 江海学刊, 2011 (1): 170-176, 239.

[50] 李迎生, 方舒. 中国社会政策改革创新的理论基础 [J]. 人文杂志, 2014 (6): 97-105.

[51] 王珊珊, 郝勇, 张现同. 我国失地农民社会保障问题研究综述 [J]. 社会保障研究, 2010 (1): 5.

[52] 李薇. 被征地农民社会保障问题文献综述及对策探讨 [J]. 农村经济与科技, 2010 (3): 17.

[53] 陈信勇, 蓝邓骏. 失地农民社会保障的制度建设 [J]. 中国软科学, 2004 (3): 34-35.

[54] 朱明芬. 浙江失地农民利益保障现状调查及对策 [J]. 中国农村经济, 2003 (3): 65-72.

[55] 宋青锋. 试论失地农民的社会保障问题 [J]. 农村经济, 2005 (5): 77-79.

[56] 史春欣. 构建西北地区失地农民社会保障体系的思考 [J]. 吉林省经济管理干部学

院学报，2011（1）：59-60.

[57] 蒋翠珍. 我国失地农民社会保障问题研究综述［J］. 华东交通大学学报，2007（3）：100-102.

[58] 徐秋花，侯仲华. 构建失地农民养老保险制度探析［J］. 南昌学院学报，2006（1）：71-74.

[59] 袁斌，陈树文. 我国失地农民的养老保险制度［J］. 大连海事学学报，2008（6）：91-93.

[60] 黄智饶. 对广东建立失地农民养老保险制度的政策评估［J］. 南方农村，2008（1）：44-46.

[61] 冼青华. 试论建立失地农民养老保险制度［J］. 经济与社会发展，2006（5）：90-92.

[62] 王莉丽. 对我国西部地区失地农民养老保险问题的探讨［J］. 沿海企业与科技，2007（6）：57-59.

[63] 储宇奇. 我国失地农民养老保险制度的探索与思考［J］. 农业经济，2013（9）：19.

[64] 刘少卿，高昌庆，宁辛. 探究失地农民养老保障问题的诱因［J］. 江苏商论，2014（4）：28.

[65] 张子任，方业树. 我国失地农民社会保障问题探析［J］. 阜阳师范学院学报，2010（2）：100-102.

[66] 王晓莹. 关于失地农民医疗保障制度的思考［J］. 宜宾学院学报，2007（8）：81-83.

[67] 燕秋梅. 政府要承担起失地农民医疗保障责任［J］. 中国改革，2008（10）：62-63.

[68] 徐玮，叶志钿，徐林山. 失地农民医疗保险制度建设的实践与思考：以杭州经济开发区为例［J］. 中国卫生经济，2007（7）：47-49.

[69] 袁杰，吴广明. 我国失地农民医疗保险问题分析［J］. 卫生经济研究，2008（3）：29-30.

[70] 徐唐奇. 失地农民医疗保障制度的构建与完善：以湖北省为例［J］. 新疆农垦经济，2008（9）：69-73.

[71] 马驰，张荣. 城市化进程与农民失地［J］. 农村金融研究，2004（1）：33-35.

[72] 蒋和胜，涂文明. 为失地农民构建政府主导型社会保障体系［J］. 现代经济探讨，2004（11）：25-27.

[73] 郑功成. 农民权益需要用法律制度来维护［J］. 学习与探索，2007（3）：19-20.

[74] 史娟，姜开勤. 对失地农民财产权益问题的思考［J］. 农业经济，2004（6）：49-51.

[75] 宋斌文，樊小钢，周慧文. 当前失地农民问题的成因及其化解对策［J］. 经济前沿，2003（12）：47-50.

[76] 姚从容. 城市化进程中的失地农民：制度安排与利益冲突［J］. 人口与经济，2006（3）：61-66.

参考文献

[77] 陈建明,陈忠浩. 让失地农民有个"家":关于构筑失地农民集体经济组织的思考[J]. 国土资源,2005(8):39-41.

[78] 张丽宾. 我国就业、失业概念[EB/OL].(2010-9-28)[2019-07-01]. http://www.lawtime.cn/info/laodong/ldzyjyfx/2010092857955.html.

[79] 曾宪义,关怀. 劳动法[M]. 北京:中国人民大学出版社,2005:104-106.

[80] SELIGSON MICHELL. Trust, efficacy and modes of political participation: a study of costa rican peasants[J]. British journal of political science,1980,10(1):23.

[81] CHANLEY VIRGINIA A, THOMAS J RUDOLPH, WENDY M RAHN. The origins and consequences of public trust in government: a time series analysis[J]. Public opinion quarterly,2000,64(3):239-256.

[82] 高鸿业. 西方经济学[M]. 北京:中国人民大学出版社,2005:259-260.

[83] 黄安余. 就业弹性下降与增长方式选择[J]. 经济师,2007(11):7-8.

[84] 许树伯. 层次分析原理[M]. 天津:天津大学出版社,1998.

[85] JON PIERRE. The marketization of the state: citizens, consumers, and emergence of public market[M]. M. C. Gill-Queens Press,1994:55-56.

[86] 王名扬. 美国行政法[M]. 北京:中国法制出版社,1993:437-439.

[87] 十七届三中全会决定解读:如何推进征地制度改革[EB/OL].(2008-11-17)[2019-07-01]. http://www.gov.cn/jrzg/2008-11/17/content_1151358.htm.

[88] 张莉. 当前我国失地农民利益受损的制度分析[J]. 广东行政学院学报,2005(1):16.

[89] 樊亢,宋则行,池元吉,等. 主要资本主义国家经济简史[M]. 北京:人民出版社,1978:45-46.

[90] 刘和平. 城市化过程中失地农民的权益损失及其保障[J]. 调研世界,2005(3):21.

[91] 魏自涛. 农村失地农民利益受损的制度分析[J]. 咸宁学院学报,2006,25(2):17.

[92] DAVID LEO WEIMER, Ted. Reinventing government: how the entrepreneurial spirits transforming the public sector[M]. New York:Addison-Wesley,1992.

[93] 聂华林,马增明. 甘肃失地农民调查与分析[J]. 甘肃理论学刊,2007(1):81-86.

[94] 赵榕. 关于辽宁失地农民问题的思考[J]. 农业经济,2007(2):10-11.

[95] JOHN MAYNARD KEYNES. The general theory of employment interest and money[M]. London:Macmillan,1936.

[96] 凯恩斯. 就业利息和货币通论[M]. 徐毓,译. 北京:商务印书馆,1996.

[97] MARGARET ALLARS. Introduction to Australian administrative law[M]. Sydney:Butterworths,1990:265.

[98] 黄华玲. 失地农民就业出路问题的思考 [J]. 甘肃农业, 2005 (6): 23-24.

[99] 沈关宝, 王慧博. 城市化进程中的失地农民问题研究 [J]. 上海大学学报 (社会科学版), 2006 (4): 58-62.

[100] 贾可, 侯立白. 大中城市城郊失地农民的现状调查分析 (I) [J]. 沈阳农业大学学报, 2008, 10 (1): 77-80.

[101] 王绘建. 城市化进程中失地农民的就业安置政策分析 [J]. 河南农业, 2006 (12): 38-39.

[102] 徐琴. 论失地农民的再就业困难 [J]. 南京工业大学学报 (社科版), 2006 (6): 70-74.

[103] 魏有玲, 王青娟. 青海失地农民就业和社会保障问题思考 [J]. 青海社会科学, 2006 (1): 56-58.

[104] 胡加荣. 城市化进程中失地农民就业实证研究 [J]. 北京农学院学报, 2007 (3): 57-60.

[105] ALAN DE BRAUW, JIKUN HUANG. The evolution of China's rural labor markets during the reforms [J]. Journal of comparative Economics, 2002 (30): 15.

[106] 中国社会科学院研究生院城乡建设经济系. 城市经济学 [M]. 北京: 经济科学出版社, 1999.

[107] 王旭, 黄柯可. 城市社会的变迁: 中美城市化及比较 [M]. 北京: 中国社会科学出版社, 1998.

[108] 王洪春, 阮宜胜. 中国民工潮的经济学分析 [M]. 北京: 中国商务出版社, 2004.

[109] TIAN WEIMING, LIU XIUMEI, KANG XIA. Social viability roles of agricultural sector in China [J]. FAO agricultural policy research working paper, 2003 (1): 42.

[110] VAN KOOTEN. Land resource economics and sustainable development: economic policies and the common goods [M]. Vancouver: UBC Press, 1993.

[111] 刘易斯. 经济增长理论 [M]. 北京: 商务印书馆, 1998.

[112] TODARO M P. A model of labor migration and urban unemployment in less developed countries [J]. American economic review, 1969, 59 (1): 138-148.

[113] World Bank. World Development Indicators [M]. Washington: The World Bank, 2005.

[114] CHEUNG STEVEN N S. The fable of the bees: an economic investigation [J]. Janournal of law and economics, 1973, 16 (1): 11-13.

[115] 程蹊, 尹宁波. 农民工就业歧视的政治经济学分析 [J]. 农村经济, 2004 (2): 20-23.

[116] 鲜祖德. 中国农村经济调研报告 [R]. 北京: 中国统计出版社, 2004.

参考文献

［117］RICHARD JENKINS. Social identity ［M］. London：Routledge Press，1996：3 - 4.

［118］YANG HONG，LI XIUBIN. Cultivated land and food supply in China ［J］. Land use policy，2000（17）：73 - 78.

［119］周天勇．托达罗模型的缺陷及其相反的政策含义［J］．经济研究，2001（3）：75 - 82.

［120］诺斯．制度变迁和经济改革［M］．北京：经济科学出版社，1995.

［121］梅金平．不确定性、风险与中国农村劳动力区际流动［J］．农业经济问题，2003（6）：34 - 37.

［122］朱信凯．农民市民化的国际经验及对我国农民工问题的启示［J］，中国软科学，2005（1）：28 - 34.